o visível e o invisível na arquitetura brasileira

ProacSP
Incentivo à Cultura do
Estado de São Paulo

patrocínio

cebrace
A Marca do Vidro

apoio

organização

realização

GOVERNO DO ESTADO
SÃO PAULO
Secretaria da Cultura

iv

o visível e o invisível na arquitetura brasileira

texto
José Lira

fotos
Leonardo Finotti

organização
Reinaldo Botelho

DBA

o visível e o invisível na arquitetura brasileira
josé lira

edifício esther

ministério da educação e saúde (atual palácio gustavo capanema)

edifício caramuru

instituto de arquitetos do brasil — iabsp

edifícios nova cintra, bristol e caledônia

museu de arte moderna do rio de janeiro

conjunto nacional

vila serra do navio

pavilhão de
verificação de óbitos
da faculdade de
medicina do recife
(atual sede do iab-pe)

conjunto da pampulha

residência walter
moreira salles
(atual sede do
instituto moreira
salles)

residência
vilanova artigas

casa de vidro

museu de arte
de são paulo

palácio do
itamaraty

faculdade de
arquitetura
e urbanismo
da universidade
de são paulo

english version

o visível e o invisível na arquitetura brasileira

josé lira

Eis uma arquitetura bem conhecida: essas linhas arrojadas em pedra e ferro organizadas, panos de concreto de leveza inquietante, quase suspensos; esses volumes vazados no jogo desinibido entre o interno e o externo, o privado e o público, a sombra e o sol; esse espaço a se expandir tão longe e a tendência a largas superfícies fugindo ou refluindo no horizonte, em orientações,

É verdade que hoje pode--se tomar distância dessa fenomenologia espontânea e de suas ilusões formais, frequentemente etnocêntricas. Mas não deixa de ser proveitoso revisitá-las à procura das relações entre aquilo que arquitetos, críticos e brasileiros aprendemos a ver na arquitetura moderna aqui produzida e seus rebatimentos em certas visadas do Brasil ainda influentes.

Pavilhão Brasileiro na Feira Mundial de Nova York, Lúcio Costa e Oscar Niemeyer, Nova York, NY, 1939

Casa das Canoas, Oscar Niemeyer, Rio de Janeiro, RJ, 1953
Foto: Aertsens Michel

inclinações e curvaturas variadas[1]; essas modulações de cargas e suportes, cheios e vãos; o desembaraço tão familiar de forma, como se correspondesse exatamente àquilo que vemos ao contemplar paisagem quase implícita em nós. Mas, afinal, entre o visível e o invisível,[2] o que são esse *nós*, esse *ver*, essa *arquitetura*?

Ou, antes, à procura dos ecos entre os modos pelos quais se vê o país e os efeitos que algumas das realizações arquitetônicas nele emblemáticas não cessam de propor. Simplesmente por estarem aí, entre os brasileiros, na paisagem que construímos a nosso redor, tal como pensada em nossos olhos e gravada no tangível.

Este livro tangencia dezesseis obras projetadas por diferentes arquitetos em distintas regiões do Brasil entre as décadas de 1930 e 1960, que assumiram valor de cânone, monumento e até mesmo de fetiche na definição de atitudes e narrativas acerca da arquitetura moderna brasileira. Tombadas em distintos contextos e segundo critérios e razões também variados, atualmente em condições de conservação, valorização e uso muito diversas, desde a criação todas elas vêm sendo objeto de múltiplas aproximações histórico-críticas. Menos do que descrevê-las outra vez em detalhes, pretende-se tão somente repor em perspectiva alguns de seus aspectos, de sua forma e sua fatura, enredando-as aos acontecimentos da sociedade, da cultura e da arquitetura, a algumas de suas projeções simbólicas, políticas e disciplinares, a fim de representá-las no tempo, na história e na memória, por escrito e visualmente. Trata-se, com isso, talvez, de contribuir para a revisão dos olhares a seu respeito, com o filtro da distância temporal e de sua fisionomia atual. Por isso também a importância dos ensaios fotográficos produzidos por Leonardo Finotti, que arrematam este volume. Ao revisitarmos com ele esse conjunto de obras excepcionais, em busca de suas marcas do tempo e de sua vivacidade estética, talvez possamos uma vez mais sacudir os horizontes de sentido que lhe conferem duração.

IMAGEM, MEMÓRIA, RECEPÇÃO

É quase unanimidade o reconhecimento de que poucas expressões artísticas no país ao longo do século XX foram capazes de cristalizar uma imagem tão bem-sucedida quanto a moderna arquitetura nacional. Evidentemente isso se deu graças à maneira pela qual essa área foi capaz de enfrentar com virtuosismo propósitos e impasses modernos, fundindo grandes ambições de vanguarda com uma aposta construtiva de forte carga simbólica. Mas a relativa estabilidade dessa imagem sobretudo deve-se ao fato de o movimento em prol da arquitetura moderna, tal como no *front* internacional, desde cedo ter recorrido amplamente às artes da reprodutibilidade técnica – em especial, à fotografia, mas também ao cinema e à comunicação visual –, investindo com vigor nos circuitos modernos da imagem junto à imprensa e à publicidade. Como se sua tradução em manifestos visuais e narrativas públicas permitisse ao mesmo tempo forte irradiação e consolidação de determinadas lógicas, poéticas e atitudes projetuais.

Mais do que isso: ao menos no Brasil, a persistência dessa imagem da arquitetura moderna liga-se também ao fato de que sua afirmação vinculou-se, desde o início, a um projeto de construção da memória nacional ou, melhor, à consolidação institucional da própria ideia de patrimônio cultural no país. E por diferentes vias: pela referência de vanguarda e da crítica de vanguarda à tradição colonial de arquitetura ou por meio da militância preservacionista de alguns de seus maiores expoentes, Lúcio Costa à frente; senão pelo próprio tombamento de obras exemplares apenas alguns anos depois de sua construção, a exemplo da **Igreja da Pampulha**, em 1947; da sede do Ministério da Educação e Saúde, em 1948; da Estação de Hidroaviões do Rio de Janeiro, em 1957; do Catetinho, em 1959; do Parque do Flamengo, em 1965; da Catedral de Brasília, em 1967 – primeiros de uma longa lista de monumentos nacionais de arquitetura moderna, que não cessa de aumentar.

Muitos, aliás, têm se debruçado sobre essas singularidades da cultura patrimonial brasileira: o primado dos arquitetos modernos na elaboração de critérios de seleção e na distinção efetiva dos bens que deveriam simbolizar a memória e a autenticidade nacionais; o predomínio do critério artístico e, mais especificamente, a enorme concentração dos tombamentos nos bens arquitetônicos; o impacto da simbiose entre tradição e modernidade nos empreendimentos de valorização, conservação e restauro, em sintonia, aliás, com a produção arquitetônica moderna, com sua autoridade e com sua crítica.[3]

Por outro lado, o paradigma vem sendo também compreendido como de grande importância para a formação de uma cultura fotográfica no país. Afinal, vista como meio eficaz de identificação, reconhecimento e representação das singularidades arquitetônicas nacionais, a fotografia não apenas passou a ter relevante papel instrumental de documentação visual, mas funcionou como vetor de sensibilidades, perspectivas e valores acerca do patrimônio edificado e da arquitetura contemporânea, no que seus próprios critérios, procedimentos, usos e circuitos igualmente se transformaram.[4] Por meio de determinados enquadramentos visuais e patrimoniais, a arquitetura moderna brasileira deixou-se preencher de fortes significados identitários. Traduzida em valores visuais, operando na dobra entre imagens do passado e memórias do futuro, condensando poderosas evocações e reverberações, ela foi erguida simbolicamente na paisagem cultural e no sistema da linguagem.

Fato é que algumas imagens se tornaram elas mesmas monumentais, como se capazes de ao mesmo tempo representar o novo mundo, refinar determinada inteligência visual e condensar fugazes experiências visuais em registros para a posteridade. Não por acaso, o zelo que os arquitetos dedicariam à fotografia de suas obras. Já se notou, por exemplo, a obsessão de Le Corbusier a esse respeito, como se a passagem da arquitetura à fotografia constituísse um momento crucial – não de reflexo, mas de reforço de determinados argumentos teóricos e interpretação formal do objeto, quando não de sua construção.[5] Ao lado de seu valor de evidência, haveria algo de construtivo na adoção de determinadas perspectivas e elevações, no jogo com a orla, o fundo e o entorno dos objetos, nos detalhes e nas qualidades privilegiados, na luz, na granulação, nos focos e nos contrastes acentuados e mesmo em suas incongruências com os objetos em presença.

Também no Brasil, a parceria regular entre fotógrafos e arquitetos logo se mostraria uma estratégia crucial de afirmação de determinadas condutas projetuais – pensemos nos exemplos de Hugo Zanella e Gregori Warchavchik; José Moscardi, sócio de Zanella, e Rino Levi, Vilanova Artigas e Paulo Mendes da Rocha; Peter Scheier e Levi, Oswaldo Bratke e outros; Leon Liberman e Bratke; Hans Flieg e Chico Albuquerque com Lina Bo Bardi; Marcel Gautherot e Oscar Niemeyer.

Não foi, portanto, apenas com base nas evidentes qualidades formais e materiais dessa arquitetura, mas por meio de certa disciplina da imaginação e da memória, que uma espécie de transferência entre identidade nacional e arquitetura moderna instalou-se no país como síntese última da própria ideia de arquitetura brasileira. Como se algo de inconsciente ou primitivo tivesse sido capaz de atualizar-se

Casa da rua Santa Cruz, Gregori Warchavchik, paisagismo de Mina Klabin Warchavchik, São Paulo, SP, 1927
Foto: Hugo Zanella

Instituto Sedes Sapientiae, Rino Levi, São Paulo, SP, 1940-42
Foto: Peter Scheier

em objetos tão sobrecarregados de positividade como as obras de arquitetura, esta arte social por excelência, produzida coletivamente e entregue à recepção distraída das massas, tal sua presença instantânea na paisagem e na vida comum.

Mário de Andrade previu isso em 1928, ao imaginar o desenvolvimento da arquitetura moderna como refluxo ante seu aparente internacionalismo e anonimato de origem ou, antes, como deslocamento rumo a singularidades psicossociais – no caso, rumo a uma constância arquitetônica brasileira cada vez mais "inconsciente em nós".[6] Essa atualidade nacional da arquitetura moderna, aliás, já lhe surgiria de certo modo esboçada quando da publicação do catálogo *Brazil Builds* pelo Museu de Arte Moderna de Nova York em 1943, que segundo ele propiciara aos brasileiros a possibilidade de revisão de velhos complexos:

> Já escutei muito brasileiro não apenas assombrado, mas até mesmo estomagado, diante desse livro que prova possuirmos uma arquitetura moderna tão boa como os mais avançados países do mundo. Essa consciência de nossa normalidade humana só mesmo os estrangeiros é que podem nos dar. Porque nós, pelo mesmo complexo de inferioridade, ou reagimos caindo no por-que-me-ufanismo idiota, ou num jeca-tatuísmo conformista e apodrecente.[7]

Apesar de afastar-se tanto do patriotismo incondicional do conde Afonso Celso como do regionalismo folclorizante de Monteiro Lobato, Mário de Andrade não deixou de reincidir no mecanismo por excelência de identificação com a nação: o *nós* que confere naturalidade a "nosso" complexo de mestiçagem, a "nossa" superioridade ou excepcionalidade, a "nosso" valor de normalidade, a "nossa" arquitetura moderna. O recurso tradicional persistiria ao longo dos anos independentemente de sua consistência ou de sua arbitrariedade, reafirmando uma visão da produção contemporânea de arquitetura no país como expressão unitária e singular de certa "brasilidade". Tanto que, no apogeu de sua consagração internacional, Lúcio Costa viria a retomá-lo:

> A arquitetura brasileira de agora já se distingue no conjunto geral da produção contemporânea e se identifica aos olhos dos forasteiros como manifestação de caráter local, e isto não somente porque renova uns tantos recursos superficiais peculiares à nossa tradição, mas fundamentalmente porque é a própria personalidade nacional que se expressa, utilizando os materiais e a técnica do tempo, através de determinadas individualidades do gênio artístico nativo.[8]

É curioso notar como a recepção dos estrangeiros às realizações brasileiras parece ter, então, se afirmado nas interpretações locais como via decisiva de legitimação da arquitetura moderna perante os próprios arquitetos, a clientela, os meios cultos e a opinião pública no Brasil.[9] Nela, o olhar do forasteiro parecia reiterar o reconhecimento de algumas singularidades nacionais, tão cultivadas entre os intelectuais brasileiros desde as primeiras décadas do século XX: a especificidade étnica e o peso da miscigenação no peculiar processo de formação do país; a unidade e a unicidade em detrimento da heterogeneidade racial, cultural, social e geográfica de que o país era composto; a influência do meio natural e do clima tropical nas expressões do caráter ou da alma nacional; o lugar do elemento popular e, particularmente, do passado colonial na estabilização de vocações e destinos específicos ao Brasil.

Entretanto, indiferente ao miúdo das querelas ideológicas, superficial quanto às práticas arquitetônicas tradicionais no país e perplexa ante a capacidade local de realização e inovação no âmbito dos cânones universais, a crítica estrangeira não deixou de antecipar suas próprias explicações para o fenômeno. Philip Goodwin, que realizou o primeiro levantamento sistemático da produção de arquitetura moderna no Brasil, documentando 47 obras construídas entre 1938 e 1942 – a grande maioria no Rio de Janeiro ou de autoria de arquitetos ali formados –, foi talvez aquele que melhor logrou fundir o registro fotográfico a uma narrativa histórica consistente com o projeto imagético que se enraizava no interior do Serviço do Patrimônio Histórico e Artístico Nacional. Não por acaso, aproximou-se de Mário de Andrade, Lúcio Costa, Rodrigo Mello Franco e outros intelectuais.[10] Foi dessa imbricação entre discurso crítico, perspectiva fotográfica e sensibilidade patrimonial que se forjou muito de sua interpretação. Enquanto os primeiros impulsos teriam vindo do exterior, rapidamente o Brasil teria avançado por si mesmo; sua principal contribuição original à arquitetura moderna constituindo-se no controle do calor e da insolação em superfícies de vidro por meio de *brises* externos.[11]

Fosse na Obra do Berço no Rio de Janeiro, no **Cassino da Pampulha** ou no Grande Hotel de Ouro Preto – obras de Oscar Niemeyer –, os novos dispositivos de sombreamento em muito teriam se beneficiado das lições do passado português nos trópicos. Mas, se o processo colonial havia deixado marcas, a riqueza das experiências ali postas em prática saltava aos olhos do estrangeiro: se a moderna arquitetura brasileira "possui o caráter do próprio país e dos homens que a projetaram" e "se adequa perfeitamente ao clima e aos materiais utilizados", ela havia conduzido "a evolução de todo o movimento alguns passos adiante, em direção ao pleno desenvolvimento das ideias lançadas na Europa e nos Estados Unidos antes da guerra de 1914".[12]

Também atento às referências locais da arquitetura brasileira, James Richards perguntava-se: como entender, por exemplo, que "uma escola tão ousada de arquitetura moderna" tenha sido capaz de florescer sob o sol do Brasil, desenvolvendo um campo tão privilegiado de experimentação com as geometrias puras de Le Corbusier? Para ele, a nova arquitetura brasileira tinha algo de barroco, herdado talvez da tradição colonial portuguesa, e um senso aventureiro de forma para o qual a qualidade do acabamento nem sempre era regular. Um sabor regional apropriado era perceptível na recuperação, para uso decorativo tanto no exterior como no interior, da tradição latino-americana do azulejo.[13]

Singularidades, portanto, que também se percebiam na licença e no arroubo formais das novas construções, assim como no apreciável desenvolvimento do concreto armado que ali se observava. Críticos franceses e norte-americanos se empolgariam com os supostos progressos locais na construção civil. Soluções técnicas e plásticas "de uma perfeição que rara e muito recentemente seria atingida. Foi assim que se resolveram os importantes problemas da proteção do sol, da ventilação, da construção em altura, da pré-fabricação e outros mais". E que, a despeito de toda a influência de Le Corbusier, não escondiam o florescimento na arquitetura feita no país de um caráter "especificamente brasileiro".[14] Singular pelo *approach* metodológico que a informava, essa arquitetura que o Brasil ainda construía, "baseada em um conhecimento do projeto em concreto armado aparentemente bem superior ao nosso", diriam os norte-americanos, e "abrangendo tantos tipos de estrutura (…) que nos fez parar para pensar". Progresso técnico que desdenhava dos manuais de sistemas estruturais consagrados nos Estados Unidos, parecendo-lhes resultar não apenas da habilidade e da imaginação de jovens arquitetos e engenheiros locais,

mas também de especificidades técnicas e institucionais do Brasil.

Haveria uma diferença importante no código de construções: sem grandes alterações em relação a nosso padrão de tensões e cargas permitidas, era permitido aos brasileiros projetar em uma situação-limite de cálculo de forças um procedimento que tirava partido das tensões de tração em aço, resultando em apreciável economia de custos.[15]

Apesar das objeções que desde então começariam a ser feitas a seus supostos formalismo e frivolidade, essa imbricação entre certo tronco evolutivo universal da arquitetura moderna e as peculiaridades nacionais logo se generalizaria. Siegfried Giedion, por exemplo, o principal historiador e líder institucional do movimento, surpreendia-se com a exuberância da arquitetura produzida em um país que, para ele, havia pouco ainda estava na periferia da civilização. Exuberância que não poderia apenas ser atribuída à excepcional criatividade de alguns de seus arquitetos na resolução de programas variados e complexos ou no enfrentamento rigoroso das relações entre volumes e vazios, pois o nível médio da produção local, a seu ver, também era bastante elevado. Haveria ali, talvez, algo de irracional. Pois, se no país já era possível nos anos 1950 identificar-se clara predisposição da encomenda à arquitetura moderna, a imponência da especulação imobiliária e a limitada produção de cimento e

Folha de rosto do livro Brazil Builds: Architecture New and Old 1652-1942 de Philip Goodwin, Nova York, 1943
Foto: Kidder Smith

Obra do Berço, Oscar Niemeyer, Rio de Janeiro, RJ, 1937
Foto: Kidder Smith

Estação de Hidroaviões, Atílio Corrêa Lima, Rio de Janeiro, RJ, 1937
Foto: Kidder Smith

ferro não pareciam compatíveis com a rapidez com que ela se espalhava por toda parte.[16]

Mesmo um arquiteto ponderado como Walter Gropius, que postulava que o Brasil não tinha propriamente um estilo de arquitetura autóctone a defender, diria que os brasileiros haviam desenvolvido "uma atitude arquitetônica moderna peculiar".

E para Ernesto Nathan Rogers ela poderia, sim, ser explicada por seus elos com a geografia e a tradição arquitetônica locais. Ao mesmo tempo que escapava à controvérsia dos julgamentos mais radicais, Rogers sugeria um nexo com a personalidade artística nacional: o temperamento instintivo do maior expoente dessa arquitetura, Niemeyer, contrastava

Conjunto residencial Prefeito Mendes de Moraes [Pedregulho], Affonso Eduardo Reidy, paisagismo de Roberto Burle Marx, Rio de Janeiro, RJ, 1946
Foto: Marcel Gautherot

Edifício Seguradoras, M.M.M. Roberto, Rio de Janeiro, RJ, 1949
Foto: Carlos Botelho

com o espírito contemplativo de Lúcio Costa em sua busca por modelos originais junto ao passado, encontrando em Affonso Eduardo Reidy uma fusão bem-sucedida de raízes nativas com os influxos externos.[17] Também Gillo Dorfles destacou tais singularidades da produção brasileira, assinalando algo que chamou de "regionalismo diáfano", uma espécie de correlação entre forças formativas locais e conquistas técnicas da contemporaneidade, o que lhe concedia não apenas renovação, mas também liberação, dos moldes demasiado rígidos fixados pelo alto racionalismo europeu.[18]

Para uns e outros, portanto, a arquitetura brasileira realizava a façanha de responder às sugestões da região e da tradição e, ao mesmo tempo, apontar um rumo alternativo ao desenvolvimento da arquitetura internacional. Poucas vezes a elaboração dessa imagem ao mesmo tempo exótica e familiar seria confrontada lá fora com suas contradições. Mário Pedrosa foi, sem dúvida, dos primeiros a observá-lo. Evidentemente, a arquitetura brasileira possuía qualidades estéticas dignas de atenção: o desenho inventivo de *brises-soleil*, que, além de cumprir suas finalidades práticas, animavam as fachadas de efeitos gráficos e cromáticos apreciáveis; a leveza das soluções estruturais e a combinação cuidadosa de materiais; sua criatividade na articulação de superfícies, volumes e espaços; a integração do espaço interno, o exterior e a paisagem; o jogo de formas livres, ainda que à custa do programa; o novo sentido de monumentalidade. Mas, em 1953, o crítico brasileiro já alertaria para a estranha associação entre os ideais democráticos e sociais implícitos na nova arquitetura e sua aproximação local a governos autoritários – contradição para ele aparente na preocupação excessiva com valores "de autopropaganda, de exibição de força, o gosto do suntuoso e da riqueza para impressionar os responsáveis pela ditadura, simbolizada talvez então pelo 'brio' às vezes excessivo e as formas gratuitas que se tornaram moda".[19] Espécie de oásis de civilização na vastidão do país, como pouco depois Brasília exacerbaria, a tendência reforçava o abismo entre intenções e potencialidades.

Fato é que, designado ou não como expressão regionalista, o elemento dissonante do episódio brasileiro em relação ao movimento internacional era acentuado por todos os críticos. Tudo se passava como se na aproximação a um domínio de sentimentos e significados tidos como "nossos", congeniais à nação, o enorme esforço de rejeição do historicismo houvesse fracassado, sucumbindo ora às interferências locais do clima, da cultura e da paisagem, ora a exageros formais, simbólicos ou decorativos. Se a nenhum desses analistas ocorreu reconhecer o que se passara no país como "aplicação fiel das lições modernas"[20] em um contexto social diverso, não foi simplesmente porque, na maior parte das vezes, de um modo ou de outro, falavam em nome da própria ideologia do movimento moderno, mas porque, ao tomarem como universal o que havia de particular a determinada matriz arquitetônica, não consideraram a ideologia em seu próprio funcionamento. Ao fim e ao cabo, parece que nem o elogio nem a censura ao que soava dissonante ou exagerado escapam aos ardis da imagem, da identidade e da forma; em outras palavras, a um modo de olhar as obras em sua existência absolutamente abstrata.

ARQUITETURA BRASILEIRA EM FOCO

Obras da maior relevância histórica, todavia, como o edifício Esther, projetado por

Álvaro Vital Brazil e Adhemar Marinho em São Paulo, em 1935, e o pavilhão de verificação de óbitos da Faculdade de Medicina do Recife, por Luiz Nunes, em 1937, não parecem ajustar-se perfeitamente à imagem de uma arquitetura moderna e brasileira. Pode-se argumentar que foram concebidas em um período no qual nem sequer se distinguira claramente algo do gênero. Mas não deixa de ser intrigante que os autores de ambos os projetos tenham se formado na Escola Nacional de Belas Artes em 1933 e, enquanto tal, tomado parte do ambiente revolucionário que a envolveu após a nomeação de Lúcio Costa como diretor em 1930. Ambos também se engajaram na resistência estudantil ao afastamento do jovem mestre no ano seguinte e revelaram, já nos primeiros encargos profissionais, uma clara filiação ao movimento moderno. É que ambas as obras, ao que parece, inserem-se em um ciclo mais geral de revisão das proposições nacionalistas e neocoloniais até então hegemônicas na cultura brasileira, não apenas na cultura arquitetônica, tomando como norte uma investigação, às vezes diletante, em torno das tendências modernistas em ascensão.

De fato, a exemplo de iniciativas similares em outras nações americanas, as pesquisas no início do século feitas por Ernesto da Cunha Araújo Vianna e Ricardo Severo acerca das formas tradicionais de arquitetura haviam evoluído desde a década de 1920 em um influente movimento neocolonial no país.[21] Nele, ao lado da insatisfação com a tradição *beaux-arts*, emergira um sentimento de rejeição em relação a toda expressão arquitetônica pretensamente cosmopolita – inclusive às vanguardas europeias –, em nome da criação de uma imagem nativa e independente de arquitetura. Se, entre seus mandamentos, podem-se encontrar valores modernos ligados à verdade dos materiais, à economia decorativa e aos ideais de conforto,[22] o que certamente predominava entre os neocoloniais era o desejo patriótico de uma arquitetura "nossa", a um só tempo antiacadêmica e antimodernista.

> Entre nós deve [ser] e é forçoso que haja um estilo nosso; que o chamem colonial, tradicional, regional, nacional ou outro epíteto mais saboroso, a juízo dos críticos. Esse estilo terá que ser, como em toda parte, consequência de nosso clima, nossa cultura, nosso

temperamento, em todas as suas manifestações boas e más.[23]

Como se sabe, a ideia animaria a Escola Nacional de Belas Artes e o Instituto Brasileiro de Arquitetos a promover concursos de projeto em torno de temas até então pouco cogitados, como "Uma casa brasileira", em 1921, e "Um solar brasileiro", em 1923, organizados pelo principal ideólogo do movimento, o médico José Marianno Filho, então professor da Enba e diretor dessa mesma instituição a partir de 1926. A repercussão dos concursos também o levaria, em 1924, a comissionar em nome da Sociedade Brasileira de Belas Artes, por ele presidida, uma série de viagens a antigas cidades coloniais mineiras com o fim de coligir documentos necessários à "formação da futura arquitetura do Brasil".[24]

Não cabe aqui reconstituir o teor do movimento nem da ideia neocolonial, apenas frisar a distância que separa sua visão do nacional – muito marcada pelo determinismo evolutivo e por uma mimese figurativa – daquilo que alguns anos mais tarde seria mundialmente reconhecido como "brasileiro" na arquitetura moderna.

De fato, nem mesmo espaços então mais ou menos acessíveis às vanguardas arquitetônicas, como a Semana de Arte Moderna de 1922 em São Paulo, o Congresso Regionalista do Nordeste no Recife em 1926 e o IV Congresso Pan-americano de Arquitetos no Rio de Janeiro em 1930, seriam capazes de afirmar com nitidez a ruptura com esse campo estético-ideológico de uma essência nacional, ora ignorando, ora amortecendo, ora até mesmo questionando toda nova expressão de internacionalismo. Tampouco alguns dos futuros expoentes da chamada arquitetura moderna brasileira, como Lúcio Costa, Carlos Leão, Affonso Eduardo Reidy, Marcelo Roberto, Gerson Pompeu Pinheiro e outros, lograriam em seus anos iniciais de atuação escapar ao ideário dominante entre os profissionais da geração anterior. Fosse para uns, fosse para outros, não possuíamos uma arquitetura brasileira porque não nos formáramos enquanto povo. E, para nos descobrirmos enquanto tal, pensava Lúcio Costa, precisávamos reconstituir "o fio da meada, isto é, recorrer ao passado, ao Brasil colônia". Só assim atingiríamos "uma arquitetura logicamente nossa",[25] em uma espécie de redescoberta de essência extraviada pela marcha das coisas, "o verdadeiro espírito da nossa gente. O espírito que formou essa espécie de nacionalidade que é a nossa".[26] Era preciso, portanto, como insistia Archimedes Memória, bater-se "por um estilo nosso, genuinamente nacional, que diga alguma coisa de nós, do que é nosso, do nosso caráter, da nossa índole, da nossa história, do nosso temperamento, dos nossos usos e costumes, que caracterize enfim a nossa época".[27] Era como se o espírito do tempo então apontasse para o espírito do povo ou, antes, da nação. E não apenas no Brasil. Assim pensava, entre outros, José Wasth Rodrigues, ao destacar a importância do estudo da arquitetura colonial naqueles anos: "Não faço mais do que seguir um movimento que me parece universal. O regionalismo é a consequência do excesso de cosmopolitismo".[28] De forma que poucos foram os que entre a década de 1920 e meados da seguinte escaparam à saudação etnocêntrica à região, à raça e à tradição como fonte primordial de uma possível arquitetura brasileira.

Mesmo um arquiteto insuspeito de nacionalismo ou racismo, como o judeu ucraniano Gregori Warchavchik, ainda em seus anos iniciais de atuação no Brasil, insistiria na necessidade de adaptar toda obra de arquitetura ao clima e aos costumes do lugar.[29] Tudo se passava como se o próprio trânsito pela arquitetura moderna exigisse uma atitude, senão complacente, ao menos evasiva com relação aos discursos nacionalistas dominantes. Daí talvez a enorme abertura e a fragmentação dos repertórios alternativos ao academicismo, ao neocolonial e suas variantes, que começaram a emergir no período, aproximando-se ora do *art déco*, ora do cubismo, do futurismo ou do expressionismo; ora de Loos ou Wright, ora da Bauhaus ou de Le Corbusier; ora de estilizações do racional, ora diretamente das vanguardas italianas, soviéticas, holandesas, centro-europeias etc. De arquiteto para arquiteto, de obra para obra, de ano para ano, as referências e os desafios pareciam variar significativamente. O trabalho de arquitetos como Gregori Warchavchik, Rino Levi, Flávio de Carvalho, Jaime da Silva Telles, Oswaldo Bratke, Atílio Corrêa Lima, Nestor de Figueiredo, Lúcio Costa, Alexandre Altberg, Affonso Eduardo Reidy, Gerson Pompeu Pinheiro, Eugênio Sigaud, Paulo de Camargo e Almeida, Alcides da Rocha Miranda, Raul Penna Firme, João Antonio Monteiro Neto, Fernando Corona, Diógenes Rebouças, Georges Munier,

Fernando Almeida, João Corrêa Lima, Alexandre Buddeus, Abelardo de Souza, Jorge Moreira, Álvaro Vital Brazil, Luiz Nunes e de tantos outros é expressivo da dispersão de atitudes que tomava conta da geração perante o desacordo entre técnica e gosto, arquitetura e sociedade, e não apenas em face da grande diversidade e da confusão de referências que no Brasil caracterizam esses anos iniciais de aproximação à produção arquitetônica moderna mais articulada internacionalmente.

O próprio Warchavchik, que entre 1925 e 1932 transformara-se no grande pioneiro do modernismo arquitetônico no Brasil, principal interlocutor de seus contemporâneos europeus desde a visita de Le Corbusier ao país em 1929 e cuja obra é o melhor exemplo da inquietude que permeava a produção vanguardista do período, insistia na multiplicidade de matrizes da nova ideia arquitetônica:

> Primeiro na França: os grandes arquitetos Corbusier, Tony Garnier, irmãos Perret, Freyssinet, seguidos por inúmeros e entusiasmados adeptos. Na Alemanha, o arquiteto Gropius fundou a Bauhaus, escola modelo de arquitetura e artes aplicadas. Há inúmeros arquitetos da escola nova na Alemanha. Queremos citar somente Poelzig, Taut e Mendelsohn. Na Rússia, quase não se citam nomes. Tão popular ficou essa arte que a antiga não existe mais. Renova-se o fenômeno dos tempos góticos em que o indivíduo desaparece e constrói a coletividade, tão poderosa a ideia. Na Áustria, Hoffmann, Behrens, Loos e muitos outros. Na Itália, Alberto Sartoris e C. E. Rava. Na Holanda, Van de Velde, Doesburg e outros. Na Hungria, Forbat, Molnar, Breuer etc. Na Dinamarca, Linbey, Holm. Nos Estados Unidos, Frank Lloyd Wright, Waid. Na Pérsia, Guevrekian.[30]

Multiplicidade que testemunhava o vigor internacional da experimentação arquitetônica e construtiva e revelava o amplo espectro de alternativas disponíveis às "rotinas do passado". Para muitos deles, aliás, era perceptível o contrassenso em que os tradicionalistas estavam metidos naquela fase tida como "de transição", por mais "imprecisa e mais ou menos longa"[31] que fosse: de um lado, porque os grandes períodos da história eram justamente aqueles nos quais os contemporâneos tinham se mostrado capazes de superar as tradições herdadas em vez de contemplá-las de modo passivo; de outro, porque em um país americano como o Brasil nem haveria grandes tradições a contemplar, mas "vida a viver, conquistas a efetuar, belezas a sonhar e descobrir".[32] Para Warchavchik, restava aos brasileiros enfrentar os novos tempos, rompendo com os modelos culturais colonialistas e racistas do passado.[33] Para Costa, o impasse era universal, e mesmo onde obras excepcionais como as de Gropius e Mies punham a nu o suicídio em que se obstinava a burguesia alemã, também era possível verificar o predomínio do "nacionalismo racista" sob o brilho da *Kultur*.[34] Pois, se havia "pequenos moldes regionais e étnicos" que deixavam marcas mais ou menos sensíveis, como pensava um crítico gaúcho, "o fundo da obra, o espírito era o mesmo para todos os povos".[35] Afinal, até nos países europeus, o veneno da tradição já parecia ser dominado à medida que a arte começava a exprimir uma "coletividade universal".

> E não se diga que essa convergência de estímulos uniformizará, em sua totalidade, as casas do mundo. Porque, com os mesmos princípios universais, adaptados a cada região, a cada povo, a cada nacionalidade, surgirão, por certo, diferenciações impossíveis de ser previstas agora, mas que darão, sem dúvida, a unidade de estilo do século XX, em sua essência.[36]

Mostrando-se, pois, ao mesmo tempo sensível às demandas de nacionalização – aliás, bastante caras ao movimento modernista brasileiro como um todo à época – e sintonizado com a crença em um espírito de época universal, Warchavchik não ignorava as especificidades locais. Mas elas logo se revelariam fundamentalmente de outra ordem. Ligavam-se menos a atavismos de raça, cultura ou nacionalidade e mais a constrangimentos materiais e sociais, isto é, aos métodos e aos materiais de construção acessíveis no país, ao lento desenvolvimento industrial local, às limitações locais da mão de obra e da clientela, assim como ao desencontro entre o capital investido e o "valor de mercadoria" das obras. Razões, portanto, afins à nova arquitetura. É o que se vê, por exemplo, em seu relatório enviado, a convite de Giedion, ao Congresso Internacional de Arquitetura Moderna de Bruxelas, em 1930:

O trabalho do arquiteto moderno na América do Sul (e, portanto, também no Brasil) se tornou bastante difícil, pois o cimento, o ferro e o vidro, sendo importados, aumentam consideravelmente o preço das construções. A indústria dos países ainda pouco desenvolvidos não nos fornece nem as equipagens, nem as ferragens, nem os revestimentos, nem as tintas, nem as chapas e outros materiais de revestimento das paredes, nem os indispensáveis materiais isolantes. No entanto, temos em toda parte e em grande quantidade, ao menos no Brasil, os bons e belos tijolos e as madeiras esplêndidas. (...) Não teria sentido querer impor os caríssimos materiais industriais em um país onde a arquitetura moderna há de conquistar o público por suas vantagens econômicas mais do que por suas qualidades estéticas.[37]

Confrontado com as limitações produtivas e as particularidades da encomenda, nada restava ao arquiteto moderno no Brasil senão adaptar as lições de vanguarda à realidade local, atuando como dublê de engenheiro, mestre de ofício e construtor. Afinal, em uma sociedade como a brasileira, nem mesmo o desenvolvimento da indústria e das técnicas modernas seria capaz de assegurar uma mudança mais significativa no papel social do arquiteto. Foi o que de certo modo, em 1932, notou Lúcio Costa, então sócio de escritório de Warchavchik:

> Não existe excesso de produção, apenas o número dos que estão em condições de adquirir o necessário ao conforto material é mínimo. E esse desequilíbrio mostra, de modo expressivo, como a realidade industrial a que chegamos está em completo desacordo com a realidade social em que vivemos. De fato, se a indústria pode fabricar em quantidade e qualidade sempre crescentes, por que não o fazer? Se a lavoura está aparelhada a produzir com fartura a preços menores, por que impedi-la? De quem é a culpa: da capacidade realizadora do homem, que pode e não faz, ou do regime econômico, que se compraz e não quer?[38]

Assim, diante das leis fundamentais da oferta e da procura ou, antes, do processo mais geral de divisão do trabalho e alienação, nem o projeto social, nem a técnica revolucionária, nem a lírica da arquitetura moderna teriam como florescer. A não ser que se observasse o que começava a despontar como "realidade brasileira". Não mais (nem ainda) se tratava, à maneira neocolonial ou moderna, de investigar um estilo de arquitetura capaz de representar tal identidade nacional, mas de mobilizar o campo de possibilidades aberto pela racionalidade construtiva moderna para lidar arquitetonicamente com as circunstâncias materiais próprias ao processo de modernização do país.[39]

Que não se pense que o que estava em jogo era a redução da arquitetura à sua dimensão instrumental, mas, ao contrário, o redimensionamento da esfera de ação do projeto moderno. Ao mesmo tempo que a nova arquitetura começava a ultrapassar o espaço liberal tradicional da disciplina, englobando as obras públicas, o urbanismo, o paisagismo e o design e superando a antítese entre essencialismo localista e cosmopolitismo de superfície, emergia uma nova síntese entre técnica e forma, entre valor de objetividade e expressividade cultural, leis internas e meios de expressão, fim e sentido, em uma tectônica funcional irredutível tanto ao utilitarismo como à mímese da máquina. De múltiplas formas, talvez fosse isso o que também estava em jogo no Brasil: a busca de um equilíbrio dinâmico de tensões e cruzamentos entre as funções de construção e organização e as dimensões prosaicas ou misteriosas, metódicas ou inventivas do trabalho arquitetônico; de uma objetividade capaz de plasmar sobre a base produtiva local uma nova espacialidade plástica, expressiva dos grandes desafios colocados à modernização social e cultural do país.

É apenas nessa linha de questões – insisto – que se vê brotar entre esses primeiros arquitetos modernos no Brasil uma preocupação com as singularidades nacionais. Partindo de uma compreensão genérica da evolução urbano-industrial como processo unificador, irreversível e universal, a defesa da adequação entre técnica nova e processo de formalização conduziria não apenas a arquitetura a reconciliar-se com a época, mas o país a um novo passo na escala da civilização universal.

Tratava-se, portanto, de outro tipo de nacionalismo, ao mesmo tempo mais realista e ambicioso, em sintonia com os primeiros anos de Getúlio Vargas no poder. De fato, enquanto o nacionalismo deslizava entre provincianismo patrioteiro, autoritarismo conservador e aspirações de autonomia,[40] o estado de espírito revolucionário que se cultivara na literatura, nas artes e no pensamento ao longo da década anterior parecia migrar das questões estéticas para o campo doutrinário, econômica e socialmente engajado.[41] E, enquanto se dissolvia a velha ordem, o movimento modernista, como bem notou Mário de Andrade, parecia ingressar em uma fase de construção – nas palavras dele, em "uma fase mais calma, mais modesta e cotidiana, mais proletária" que o momento incendiário e destrutivo da Semana.[42] Nesta nova fase, a ênfase nas questões de linguagem parecia ser substituída por um projeto cultural que tinha como centro o vínculo entre arte e modernização nacional.

Não foi à toa que também naqueles anos um novo padrão de encomenda começou a se difundir entre os arquitetos modernos: ultrapassando o mecenato característico de certas frações das oligarquias regionais rumo ao patrocínio estatal e ao nascente mercado imobiliário, então aquecido pelo ritmo crescente da urbanização e os investimentos públicos em planejamento, infraestrutura, construção civil, assistência social e, logo a seguir, em habitação popular. Eles, os arquitetos modernos, pareciam não apenas mais preparados para enfrentar tais desafios, mas cada vez mais empenhados em assumi--los como parte de seu campo de atribuições profissionais.

A reforma de ensino da Escola Nacional de Belas Artes no início do governo Vargas, apesar de sua efemeridade, tem, assim, muito a ver com essa alteração da autoimagem do arquiteto: seja pela rejeição do caráter eminentemente formalista e pela ampliação do escopo de competências do saber arquitetônico, seja pela tentativa de redefinir suas relações com o universo da construção civil. De fato, as medidas de renovação ali implementadas – em disciplinas, metodologias, repertórios e corpo docente –, por mais que transigissem com as tradições institucionais ou rapidamente revertessem ao estágio anterior, haviam surgido no horizonte de estudantes e profissionais como empenho de reaproximação entre instâncias técnicas e estéticas de formação e, portanto, entre arquitetos e engenheiros, a qual era vista como absolutamente necessária à modernização da disciplina. Alunos de arquitetura na época, como Abelardo de Souza e Alcides da Rocha Miranda, deixaram depoimentos eloquentes acerca do impacto do processo deslanchado sobre a profissão dali em diante, em detrimento da rápida demissão do jovem diretor da Enba.[43] O próprio Lúcio Costa, que não escondia o entusiasmo com a nova geração de engenheiros civis que paralelamente se formava no Rio de Janeiro, foi seu maior intérprete, enfatizando ali a gestação entre 1931 e 1935 de um grupo "de profissionais igualmente interessados na renovação da técnica e da expressão arquitetônicas".[44]

É verdade que o ambiente profissional carioca em muito ultrapassava o "reduto purista" a que alude o mestre, mas a mobilização daquela nova geração de profissionais parece ter à época concedido à capital federal o papel de polo dinamizador de um processo nacional de ruptura com o modelo *beaux-arts* de formação, de atualização face às inovações técnicas e estéticas contemporâneas e de estabelecimento de um novo sentido social da arquitetura.[45] E não só devido ao fato de a Escola Nacional então atrair estudantes e exportar profissionais de/para todo o Brasil, mas certamente porque a reforma pedagógica ali encetada havia coincidido com um momento maior de institucionalização da arte e da cultura, de recrudescimento da luta ideológica, de florescimento de novas e influentes interpretações do Brasil e de forte tendência à interpenetração cultural do país. Restaria apenas saber até que ponto o processo carioca seria capaz de formular uma nova síntese entre o moderno e o nacional na arquitetura, uma arquitetura moderna dita "nossa", brasileira, *sui generis*, una e acabada ou, antes, grandiosamente inacabada.

MODERNO EM PONTO DE FUGA

Em vários sentidos, o quadro ajuda a situar melhor a obra de Luiz Nunes em Pernambuco. Formado pela Enba em 1933, onde fora presidente do diretório acadêmico quando da greve estudantil que se seguiu à demissão de Lúcio Costa, ele se transferiu para o Recife em 1934, contratado pelo governo Carlos de Lima Cavalcanti para assumir os projetos de arquitetura da Repartição de Viação e Obras Públicas do estado. Em meados do ano seguinte, a recém-criada Diretoria de Arquitetura e Construções, responsável pela coordenação de projetos e obras de interesse social, como hospitais, escolas, postos policiais, ginásios, postos de abastecimento, praças e jardins, passou a ser dirigida pelo arquiteto mineiro. Em toda parte, parecia preocupar-lhe o estabelecimento de padrões estandardizados, "a partir de um processo constante e sistemático de seleção".[46] Nunes permaneceu à frente do DAC até a crise política que se seguiu aos eventos revolucionários de 1935. Em dezembro, foi levado a demitir-se do cargo e, então, retornou ao Rio de Janeiro. Em um balanço retrospectivo do início de 1936, quando de seu afastamento, o próprio arquiteto evocou o sentido modernizador de seu engajamento institucional:

> O *standard* de construção no norte do país é baixo não só por falta de recursos, como também pelo desinteresse e pela inépcia dos que professam nessas atividades; portanto, uma repartição organizada nos moldes previstos poderia perfeitamente dar ao Estado bons edifícios, influindo diretamente em toda a região para uma revisão completa de velhos processos construtivos, deficientes, ainda empregados, e melhor orientação nas inovações ainda mal assimiladas e compreendidas.[47]

Não faltariam ao poder público "meios e recursos": podia-se criar uma equipe técnica de profissionais experimentados, importar materiais com expressiva isenção de impostos, aproveitar racionalmente a mão de obra potencial das oficinas do Estado, das escolas técnico-profissionais e da casa de detenção, de modo a obter um "campo vasto para uma industrialização organizada que cooperaria diretamente na elevação do salário operário e na melhor preparação dos que frequentam escolas-oficinas". Ao centralizarem-se os serviços públicos de arquitetura e construções, evitando as concorrências abertas, seria possível, enfim, introduzir novos processos, sistematizar procedimentos, uniformizar elementos, assegurar unidade às obras.

> Num meio pobre, a possibilidade de o governo construir bem e por preço baixo, melhorando as condições locais, educando, aperfeiçoando, selecionando, pesquisando e uniformizando, seria uma conquista de ordem técnica e social tão expressiva que justificaria todos os sacrifícios, embora contrariando as paixões mesquinhas, as competições vaidosas e os

interesses inconfessáveis, que tudo neutralizam e dissolvem.[48]

Inovação, pesquisa, sistematização, aperfeiçoamento, economia, conquistas técnicas e sociais, tais são os termos empregados por Luiz Nunes para conceber sua atuação em Pernambuco. É importante notar ali a convergência entre o fortalecimento do papel técnico do arquiteto na busca de soluções racionais e a atuação política do gestor de obras públicas na construção institucional, na formação de equipes de profissionais e operários, na criação de mecanismos legais e administrativos de condução e continuidade dos trabalhos, na articulação de esforços com outras instituições no sentido de uma transformação mais profunda da sociedade.

Em meados de 1936, Nunes retornou a Pernambuco para assumir a direção do recém-criado Departamento de Arquitetura e Urbanismo, que substituíra o antigo DAC. Tratava-se, então, de ampliar e normatizar o programa anterior, mas também de reaproximar os trabalhos públicos de arquitetura aos progressos locais do planejamento e da remodelação urbana, que no Recife e nas cidades do interior conquistavam crescente relevância pública e profissional[49]. Ao longo dos anos, cerca de oitenta projetos foram desenvolvidos e dezenas de obras foram implementadas, a maior parte ligada a funções de saúde, educação, segurança pública, saneamento, lazer.[50] Entre os colaboradores de Luiz Nunes, não por acaso, encontraríamos figuras que logo se destacariam em suas áreas: Fernando Saturnino de Brito, João Corrêa Lima e Gauss Estelita, na arquitetura; Joaquim Cardozo e Ayrton Carvalho, na engenharia; Roberto Burle Marx, no paisagismo; e Antonio Bezerra Baltar, no urbanismo.

É verdade que nem o perfil profissional nem o efeito prático-político da iniciativa eram absolutamente excepcionais no país naqueles anos. Situações contemporâneas, como a construção de escolas públicas a cargo de Enéas Silva no Rio de Janeiro e José Maria da Silva Neves em São Paulo, redes nacionais de equipamentos públicos como a de agências de correio, as obras que viabilizaram a transferência da nova capital do estado de Goiás, assim como, alguns anos depois, muitas das realizações habitacionais dos Institutos de Aposentadoria e Pensões pelo país, dão notícia de uma tendência à modernização da arquitetura pública nos decênios de 1930 e 1940. Mas a experiência pernambucana certamente se distingue pela maneira como a montagem de um espaço político e institucional de atuação do arquiteto aliou-se a uma pesquisa construtiva e projetual altamente ambiciosa, incluindo habilidosas apropriações de ideias de Gropius, Loos, Perret, Le Corbusier etc., e respostas originais em termos de estandardização, modulação, fluxograma, detalhamento e conforto.

O projeto do **Pavilhão de Verificação de Óbitos**, que desde 1978 abriga a sede do departamento pernambucano do Instituto de Arquitetos do Brasil, tornou-se uma das obras mais emblemáticas da síntese de preocupações estéticas, funcionais e construtivas no interior da repartição. Foi elaborado por Luiz Nunes e construído pelo DAU em 1937 – na verdade, como segunda versão para o equipamento, em substituição ao projeto de autoria de Fernando Saturnino de Brito que era do ano anterior. Tratava--se de responder à demanda por um pavilhão adequado à prática

de autópsias e necrópsias, da Faculdade de Medicina do Recife, um edifício neocolonial ao lado, construído uma década antes.

O projeto de Nunes responde ao desafio de maneira ao mesmo tempo erudita e pragmática, mobilizando o repertório purista dos cinco pontos da arquitetura para a resolução de um programa de usos não residenciais. Assim, a independência entre elementos de estrutura e vedação, a liberdade de tratamento da planta e das elevações e o desenho das aberturas e dos caixilhos seriam adaptados a cada um dos usos do edifício: recepção, exame anatomopatológico e conservação dos corpos e apartamento do médico residente, que seriam distribuídos respectivamente entre o térreo/pilotis, o andar nobre e o terraço-jardim, de acordo com

Pavilhão de Verificação de Óbitos, atual Instituto de Arquitetos do Brasil, Departamento de Pernambuco, IAB-PE, Luiz Nunes, Recife, PE, 1937
Foto: Kidder Smith

as exigências de área, circulação horizontal e vertical, ventilação e iluminação naturais de cada um desses usos. Nesse sentido, o recurso ao concreto armado nos pilares de seção circular e lajes-cogumelo, na escada e no monta-cargas, assim como a utilização de modo original da parede vazada em cobogó – tão salientado nas publicações e nas fotografias do imóvel ao longo das décadas –, também surgira como solução eficiente em termos de economia espacial, higiene, conforto e praticidade.

Evidentemente o que se sobressai no projeto em relação ao conjunto de obras da repartição é seu rigor formal, que se liga às casas Savoye e Stein-De Monzie, de Le Corbusier. O edifício é tratado como bloco isolado, não exatamente como anexo, voltando-se para a rua como se indiferente à sede principal da faculdade ao lado. E, apesar da escala modesta, há nele algo de monumental, que se impõe no jogo de volumes puros, planos retos e curvos, cegos e vazados, as linhas verticais dos pilares visíveis do exterior e os panos horizontais de vedação e abertura. Monumentalidade vista como precursora do que pouco depois se afirmaria como arquitetura moderna brasileira, que não passaria desapercebida de lentes de fotógrafos, livros e revistas especializados, tampouco do Iphan, que em 1998 o inscreveu no prestigioso Livro de Tombo das Belas-Artes, abrindo espaço para um primeiro projeto de restauro do imóvel a partir de 2002.

Também na Enba, na mesma turma de Nunes, formaram-se Álvaro Vital Brazil e Adhemar Marinho. À diferença do colega, ambos permaneceriam eminentemente ligados à promoção privada de arquitetura, que igualmente se expandia no Brasil com o ritmo crescente de urbanização e a reorganização do complexo da construção civil. É verdade que a promoção privada, a exemplo da encomenda pública, continuava fundamentalmente guiada pelo ecletismo e o neoclassicismo modernos, tão valorizados no mercado internacional de gostos e estilos, senão pelo pitoresco proletário, suburbano ou pragmático, igualmente universais em termos de orçamentos e *standards*. O grosso das construções, por outro lado, continuou a seguir o padrão tradicional da alvenaria burguesa praticado indistintamente por mestres, licenciados, arquitetos e engenheiros; e somente em obras de maior porte, como os grandes edifícios em altura, onde a tecnologia de concreto armado começou a se difundir, era possível encontrar padrões construtivos mais sofisticados.[51]

Seja como for, entre os anos 1920 e 1930, em cidades como o Rio de Janeiro, a mais populosa do Brasil, e São Paulo, que crescia em ritmo explosivo, é possível reconhecer um processo expressivo de verticalização. Se nesta última, entre 1929 e 1930, com a crise financeira e, por extensão, do café, o número de prédios novos caiu de 5.500 para pouco mais de 3 mil e até 1932 não ultrapassou as 1.500 unidades, a partir de 1933, quando a cidade ultrapassou a casa de 1 milhão de habitantes, a produção voltou a se ampliar consideravelmente, retomando níveis elevadíssimos depois de 1937. Desse modo, em 1940 foram construídos mais de 13 mil novos prédios, quase seis por hora, e mais de 60 mil pessoas já moravam em edifícios com mais de três pavimentos. A expansão evidentemente acompanhou a valorização da terra urbana no período, assim como o aumento do preço dos aluguéis, o que atingia em cheio 80% da população, formada de locatários.[52] Nesse processo, a exemplo do centro primitivo da cidade, também o centro expandido, onde seria construído o **edifício Esther**, sofreria intenso processo de verticalização.

Eminentemente marcados pelas demandas surgidas com a expansão do setor terciário na cidade, os novos edifícios em altura testemunharam mudanças muito significativas em termos construtivos, tipológicos e formais, ecoando distintas vertentes da arquitetura moderna. Logo também o uso residencial se impôs nessas novas estruturas edificadas, até então marcadas pelo uso comercial, de escritórios e consultórios. A despeito das resistências das camadas médias urbanas em adaptar-se aos padrões de domesticidade em habitação coletiva, tradicionalmente associados à moradia em cortiços, alguns edifícios residenciais projetados entre o fim dos anos 1920 e o início dos 1930 por arquitetos como Julio de Abreu, Rino Levi, Jacques Pilon e Oswaldo Bratke são um bom testemunho dessa tendência.

Com efeito, o momento da arquitetura, cada vez mais profundamente ligado à cidade como estrutura produtiva, por certo observava incongruências entre as escolhas formais dos arquitetos, os interesses imobiliários, os padrões de vida urbana, avanços tecnológicos e práticas de canteiro. Mas, em meio às concessões profissionais, a posição do arquiteto no conjunto da obra vinha sendo radicalmente alterada com o aparecimento de novos métodos de construção, agentes imobiliários e formas de financiamento da produção e do consumo, o que lhe permitiria afirmar-se como categoria particular de produtores de bens simbólicos especificamente destinados ao mercado.

Foi nesse quadro produtivo que o projeto para o edifício Esther começou a ser desenvolvido, em 1934 – mesmo ano em que Vital Brazil e Marinho haviam instalado no Rio de Janeiro um escritório conjunto. Este, até 1936, realizaria uma série de projetos residenciais para a iniciativa privada, quase todos referenciados em produções variadas de vanguarda, de Gropius a Le Corbusier, do construtivismo russo à nova objetividade. Recém-formados à época, os dois arquitetos realizavam em paralelo um projeto de 74 casas geminadas no bairro da Gamboa, no Rio, em linhas visivelmente marcadas pela inquietude de sua geração.[53]

O projeto do Esther foi concebido no âmbito de um concurso fechado instituído por seus promotores, proprietários da Usina Açucareira Esther, nos arredores de Campinas. Tratava-se de nele instalar a sede das empresas de Paulo de Almeida Nogueira. Mas o investimento da família no centro expandido de São Paulo liga-se também à conjuntura de incorporação imobiliária que já dava sinais de aceleração depois da crise de 1929. Enquanto tal, o edital previa salas comerciais e apartamentos de diferentes tamanhos. Tendo eles sido vitoriosos no concurso, o desenvolvimento do projeto e sua execução exigiram a transferência de Vital Brazil para São Paulo, resultando no encerramento da sociedade entre os dois. Reformulado o projeto original quando do início das obras em 1936, algumas alterações muito importantes foram introduzidas. Entre elas, duas merecem destaque: a criação de um segundo bloco nos fundos, após a abertura de uma via pública no interior da gleba, e a instalação no térreo de ambos os blocos de um piso comercial aberto para as calçadas. A solução guardava muito da proposta apresentada no concurso – isso, aliás, foi reiterado em artigo assinado por ambos no primeiro número da revista *Acrópole*, pouco depois da inauguração do edifício:

Assim, pelo que dissemos atrás, podemos resumir como se segue, o programa: a) edifício de renda; b) onze andares, sendo três de escritórios especialmente destinados a médicos e dentistas, os outros de apartamentos dos mais variados tipos, pavimento térreo para lojas comerciais e, finalmente, subsolo, para garagem e restaurante; c) terrenos de 18,5 [metros] × 40 [metros]; d) orçamento global: 5.500 contos de réis; e) o máximo de elasticidade interna para serem possíveis modificações de tipos de apartamentos, assim como sucessiva transformação em escritórios.[54]

Saltam aos olhos o rigor técnico e a preocupação programática e com a rentabilidade do empreendimento, em um contexto aparentemente promissor para o investimento na verticalização, mas ainda cheio de incertezas quanto ao curso das transformações urbanas, nos espaços de trabalho e nos estilos de vida e domesticidade. São emblemáticos a esse respeito o uso misto do edifício, a

Edifício Esther,
Álvaro Vital Brazil e
Adhemar Marinho,
São Paulo, SP, 1934-36
Foto: Leon Liberman

instalação de elaborados serviços condominiais de manutenção, arrumação e refeições, de cinco torres de circulação independentes, a flexibilidade das plantas e a variedade de tipos, do apartamento sem cozinha, como em hotéis, ao duplex, da quitinete ao *penthouse*, a entrada luxuosa com granito verde, luminárias de metal cromado, corrimões em cobre, a logomarca da usina em vitrais, paredes, pisos e porta dos elevadores. Contudo, para além da implantação, do programa e da ornamentação dos mais originais para a época, o traço mais marcante do edifício é, sem dúvida, a clareza da solução volumétrica dada pelo grande paralelepípedo regular, arrematado friamente por recortes geométricos nas fachadas, como as faixas horizontais de janela corrida, as reentrâncias em prumo das varandas dos apartamentos e os semicilindros também em vidro das escadas laterais nas faces menores. O esquema é particularmente visível na fotografia do teste de iluminação da fachada requerido por seu proprietário e seria imortalizado desde as primeiras imagens de Leon Liberman para divulgação da obra, ainda em 1938. É ele que distingue o edifício na silhueta hoje completamente verticalizada da praça da República. Até porque, apesar de o edifício estar consumido pelo tempo e por reformas e restaurações ineptas, sua preservação começou a ser discutida em 1975, levando ao tombamento de sua feição externa pelo município e pelo estado de São Paulo, em 1984 e 1990, respectivamente.[55]

POR UMA PAISAGEM INTERIOR

Os anos 1930 observaram uma mudança fundamental na geografia das vanguardas no Brasil. Em meio ao processo mais geral de repactuação do poder entre as velhas oligarquias regionais e as novas burguesia e camadas médias em ascensão, o eixo da renovação artística deslocara-se de salões e agrupamentos isolados de São Paulo para o aparato cultural do Estado instalado no Rio de Janeiro. Na condição de capital federal, além de concentrar toda uma gama de instituições e funções públicas no campo da cultura (ministérios, escolas superiores, academias, associações profissionais etc.), a cidade desempenhava um papel-chave de atração de intelectuais e artistas de distintas partes do país. Se isso fortalecia os laços entre cultura e política, também facilitava e potencializava bastante a nacionalização de seus estilos e valores.[56]

Mesmo se não considerássemos as rupturas estéticas, conceituais e disciplinares processadas no Rio depois disso, o fenômeno ajuda a entender por que eventos locais, aparentemente efêmeros, como as conferências de Le Corbusier em 1929, a passagem de Lúcio Costa à frente da Enba, o Salão Nacional de Belas Artes em 1931 ou o Salão de Arquitetura Tropical em 1933, mais do que os projetos e as obras de tal ou qual arquiteto ou a aguerrida militância dos modernistas de São Paulo nos anos anteriores, teriam impacto duradouro e alcance nacional na marcha dos acontecimentos.[57]

Como se sabe, em torno de 1935 – e de Lúcio Costa –, a produção carioca começava a despontar no cenário nacional como especialmente representativa do momento varguista. Não por acaso, tanto Luiz Nunes como Vital Brazil e Adhemar Marinho dali provinham. Ao lado, uma galeria ainda mais prolífica de carreiras e realizações.[58] A projeção de arquitetos como Oscar Niemeyer, Roberto Burle Marx, Affonso Eduardo Reidy, Atílio Corrêa Lima, os irmãos Roberto, Carlos Frederico Ferreira, Jorge Moreira, entre outros, e de obras como a sede do Ministério da Educação e Saúde, a Obra do Berço, a escola primária Coelho Neto, a Estação de Hidroaviões, o aeroporto Santos Dumont, a Associação Brasileira de Imprensa, o Instituto de Resseguros, o conjunto habitacional do Realengo, o edifício Antônio Cepas, todas no Rio de Janeiro, não é compreensível fora desse quadro. Processo multifacetado, haja vista as diferenças e as disputas institucionais a que se liga e as variações regionais a que se expôs, foi de fato na capital federal que pela primeira vez a referência à arquitetura moderna não somente coincidiu com a redefinição da profissão, mas foi capaz de elaborar uma feição paradigmática em termos de expressão nacional.

Desde a década de 1920, os arquitetos vinham efetivamente se organizando profissionalmente naquela cidade. No início centrados no esforço de reconhecimento no mercado de trabalho e junto ao Estado, inclusive em domínios até então distantes da prática como o urbanismo e a habitação, ao longo dos anos fortaleceriam a causa do estilo nacional de arquitetura. Com a consolidação do Instituto de Arquitetos do Brasil, em 1934, no Rio de Janeiro, uma agenda mais próxima ao movimento moderno seria por fim assumida pela corporação. Um ano antes, em meio ao esforço oficial de regulamentação do trabalho urbano e à organização estatal das ocupações de nível superior, criara-se o Conselho Federal de Engenharia, Arquitetura e Agrimensura, que, por meio dos Creas, por fim definiu um sistema estável e nacionalmente pertinente de divisão de competências entre arquitetos, engenheiros-arquitetos e engenheiros civis, controlando, entre outras coisas, a habilitação profissional e a concorrência no campo do projeto e da construção, restringindo a atuação local de práticos, licenciados e profissionais diplomados no exterior. É sintomático que também naqueles anos tenha surgido no Rio um conjunto significativo de periódicos, abertamente alinhados ao movimento moderno, como as revistas de vanguarda *Movimento Brasileiro*, *Forma* e *Base*, a *Revista da Diretoria de Engenharia*, da Prefeitura do Distrito Federal, em 1932; a *Revista de Arquitetura*, dos estudantes da Enba, em 1934; e a *Arquitetura e Urbanismo*, órgão do IAB, em 1936.[59]

De fato, desde então, a produção dos arquitetos cariocas passaria a funcionar como uma espécie de polo de gravitação nacional, em linhas gerais predominando a seguinte interpretação: assim como artistas e escritores de vanguarda nos anos 1920, arquitetos abertamente alinhados ao modernismo no período, como Gregori Warchavchik, Flávio de Carvalho e Rino Levi, não teriam ultrapassado o estágio de manifesto, de realização teórica, com obras de exceção e público muito limitado; ao mesmo tempo que não pareciam ter sido capazes de montar nem de contar com um sistema arquitetônico bem amarrado, tampouco pareciam ter formulado uma imagem nacionalmente expressiva de arquitetura moderna. Neles, como em boa parte da produção de vanguarda anterior a 1937, o predomínio da personalidade individual, com sua atitude de manifesto ou paródia e realizações avulsas, quando não erráticas, apoiadas ora no patrocínio excepcional de governos locais, ora nas idiossincrasias de uma clientela privada extremamente selecionada, ora no fluxo pragmático do mercado imobiliário, contrastava com a geração imediatamente posterior, formada no Rio, frequentemente absorvida pelo Estado, reunida em organismos profissionais e animada por um circuito bem mais regular de intercâmbios, informações e encomendas.[60]

Não foi à toa que, mais ou menos nesses anos, começou a se articular uma nova entrada do movimento moderno internacional no Brasil. Já em 1934, o próprio Warchavchik, até então principal interlocutor do grupo dos Ciams no país, insistira no nome de Costa, ao lado de outros arquitetos instalados no Rio, como Alcides da Rocha Miranda, João Lourenço, Affonso Eduardo Reidy, Gerson Pompeu Pinheiro e Alexandre Altberg, para integrar o Comitê Internacional para a Realização dos Problemas da Arquitetura Contemporânea, o Cirpac.[61] Alguns anos depois, diante das realizações cariocas posteriores à segunda visita de Le Corbusier ao Brasil, o arquiteto ucraniano parecia reconhecer plena legitimidade à indicação de novas lideranças locais na rede mundial que se construíra. O próprio Lúcio Costa seria sondado por Giedion para liderar a consolidação do grupo brasileiro na entidade: "Recebi a carta de Giedion. Acho que não será fácil levar a cabo a iniciativa; em todo caso, já que a coisa está feita, tratarei de organizar um grupo homogêneo para passar o bastão aos amigos".[62] Com a guerra e a interrupção temporária dos Ciams, fato é que a reorganização do grupo brasileiro só seria efetivada em 1945 e, não por acaso, dessa vez, com ele inteiramente formado por profissionais do Rio de Janeiro, sob a liderança de Niemeyer.[63]

Duas obras são emblemáticas dessa centralidade adquirida pelo grupo carioca e por sua visão do nacional naqueles anos: a sede do recém-criado **Ministério da Educação e Saúde Pública no Rio de Janeiro** e o **Pavilhão Brasileiro da Feira Mundial de Nova York**. Não apenas por terem resultado de concursos públicos dos mais concorridos nem simplesmente pelo fato de terem reunido em torno de Lúcio Costa alguns dos protagonistas da renovação arquitetônica em andamento e obtido estrondosa repercussão na imprensa comercial e especializada, nacional e internacional, mas por catalisarem tendências e energias até então dispersas em uma poderosa síntese formal.

Produto de um concurso nacional promovido pelo Ministério do Trabalho, Indústria e Comércio em 1937, o projeto definitivo do Pavilhão, de autoria de Lúcio Costa e Oscar Niemeyer, visava ao mesmo tempo a responder à demanda de representação nacional inerente à encomenda e ao tema geral da feira, "O mundo do amanhã". A tomada de distância face às referências habituais ao luso-brasileiro, ao colonial e ao indígena em situações similares seria assegurada por uma aproximação original ao modernismo. Mas, se são evidentes os empréstimos à obra de Le Corbusier, como o esqueleto estrutural aparente, os usos do pilotis, de planta e fachada livres e abertas, de planos articulados em desnível, ou da *promenade* arquitetural ali valorizada, desde cedo a obra gerou grande entusiasmo quanto a seus conteúdos de inovação. Apesar de tratar-se de uma construção efêmera, voltada à exposição de obras de arte, commodities e informações nacionais durante os meses entre abril de 1939 e outubro de 1940, o pavilhão catalisa uma série de dispositivos que apenas começavam a ser formulados: a ênfase horizontal, com grande desprendimento no desenho das lajes de piso e cobertura, em mezaninos e marquises, rampas e escadas; os contrapontos formais entre linhas, planos e volumes, entre curvas suaves e ângulos retos; a continuidade entre interior e exterior graças ao uso habilidoso da estrutura independente, dos amplos panos de vidro, das plantas livres e dos jogos de circulação, expandindo-se a jardins e pátios; a valorização dos elementos de sombreamento, com as formas inusitadas de *brise-soleil* ou cobogós; o refinamento de acabamentos e obras de arte integradas, do jardim ao mobiliário; assim como o recurso à pintura, à escultura, aos painéis, à tapeçaria etc.

O aspecto inovador do edifício e a cuidadosa negociação entre modernidade e brasilidade logo foram aclamados pela crítica internacional, merecendo resenhas entusiásticas em periódicos de prestígio, como *Architectural Record*, *Architectural Forum*, *Architectural Review*, *Architects and Builders Journal*, *Casabella* e *Architettura*, e se tornaram assunto de destaque em simpósios de arquitetura realizados naqueles anos em Nova York, Boston, México e Londres.[64]

Fato é que tal possibilidade de conciliação vinha sendo formulada desde a década de 1920 com o modernismo artístico e teria na política cultural de Vargas um momento de consagração. O próprio Serviço do Patrimônio Histórico e Artístico Nacional, instituído em 1937, distinguiu--se, desde então, pela associação singular entre as particularidades brasileiras e sua pertinência à civilização ocidental, pelo engajamento de parte significativa da intelectualidade modernista – a exemplo de Rodrigo Melo Franco de Andrade, Mário de Andrade, Manuel Bandeira, Sérgio Buarque de Holanda, Prudente de Moraes Neto, Carlos Drummond de Andrade, Gilberto Freyre, Joaquim Cardozo e Luis Saia – e pelo protagonismo dos arquitetos modernos na preservação do patrimônio nacional.[65]

De modo que a prática patrimonial, ao mesmo tempo que se abria ao mercado de trabalho dos arquitetos, teria impactos igualmente duradouros sobre as formas contemporâneas de expressão. O próprio Lúcio Costa, funcionário de carreira do órgão, diretor da Divisão de Estudos e Tombamentos entre 1937 e 1972, foi seu grande intérprete, absorvendo no interior da ética e da estética do Sphan a ideia de que o conhecimento do passado não interessava simplesmente do ponto de vista da preservação, mas funcionava também para o conhecimento de suas lições (e mesmo de seus equívocos) por "nós outros arquitetos modernos".[66]

O desatavio plástico e a qualidade construtiva das obras produzidas ao longo dos séculos XVI, XVII e XVIII teriam muito a ensinar à produção contemporânea. Lido em contraponto a "Documentação necessária", aliás, o artigo "Razões da nova arquitetura", publicado em 1936, deixa clara a fundamentação doutrinária em jogo.

> Filia-se a nova arquitetura, em seus exemplos mais característicos – cuja clareza e objetividade nada têm do misticismo nórdico –, às mais puras tradições mediterrâneas, àquela mesma razão dos gregos e dos latinos, que procurou renascer no *quattrocento* para logo depois afundar sob os artifícios da maquilagem acadêmica – só agora ressurgindo com imprevisto e renovado vigor.[67]

Ao preterir, portanto, a filiação da arquitetura moderna a matrizes eslavas ou germânicas em favor de uma longa tradição vernacular mediterrânea e insistir em sua compatibilidade com os processos construtivos e artísticos contemporâneos, Costa abria a possibilidade de integração da herança colonial ibérica à modernidade técnica, estética e social. Em pleno momento de crise do capitalismo internacional, de recrudescimento do nacionalismo e do totalitarismo no velho continente e de diáspora dos modernistas europeus pelo mundo nos anos 1930, a nova técnica, à espera da nova sociedade a que logicamente deveria pertencer, poderia, então, transigir com o local. A operação, desde cedo antecipada pelos modernistas brasileiros no campo das artes e da literatura e por eles vislumbrada nas realizações pioneiras de Warchavchik, reencontrava agora, na geração mais jovem de arquitetos formados no Rio, um campo aberto à liberdade formal por meio da articulação entre novas funções da construção, a crença nas virtualidades democráticas da produção em massa e o contato sensível com a natureza e a história nacionais. Tal era o esquema de formação da moderna arquitetura brasileira:

> Tradição sem tradicionalismo, moderno sem "modernismo": aspas agora desnecessárias, já que com muita consequência estava se desenrolando mais uma descoberta do Brasil à luz de uma perspectiva moderna problematizadora do gosto burguês estabelecido – tal qual os "modernistas" de estandarte, espalhafato a menos, muita construção a mais. De fato uma história exemplar de formação.[68]

Brazil Builds, inquestionavelmente o primeiro levantamento sistemático da arquitetura moderna produzida no país até então, aprofundava a hipótese de um caminho próprio, um "estilo brasileiro", tomado nesse setor. Especialmente no Rio de Janeiro, graças ao embate original da obra de Le Corbusier com o clima tropical e o patrimônio nacional.[69] Ao minimizar as contribuições de Warchavchik, Rino Levi e Flávio de Carvalho, a exposição e o catálogo de Philip Goodwin contribuíram decisivamente para a canonização dessa linha projetual e da trama historiográfica correspondente. Desde então, seu ponto de partida foi definitivamente associado ao Pavilhão do Brasil em Nova York, assim como à sede do Mesp no Rio e ao conjunto da Pampulha em Belo Horizonte.[70] A ideia foi logo aperfeiçoada por Lúcio Costa para explicar o papel dos discípulos locais de Corbusier:

> As atitudes *a priori* do modernismo oficial, cujo rígido protocolo ignoravam, jamais os seduziu. Tornaram-se modernos sem querer, preocupados apenas em conciliar de novo a arte com a técnica e dar à generalidade dos homens

a vida sã, confortável, digna e bela que, em princípio, a Idade da Máquina tecnicamente faculta. Os edifícios da Associação Brasileira de Imprensa, de Marcelo e Milton Roberto, da Obra do Berço, de Oscar Niemeyer Soares, e da Estação de Passageiros, destinada originalmente aos hidroaviões, de Renato Soeiro, Jorge Ferreira, Estrella e Mesquita, associados a Atílio Corrêa Lima, (…) edifícios projetados e construídos durante o longo e acidentado transcurso das obras do Ministério da Educação e Saúde, já atestam, de modo inequívoco, o alto grau de consciência, capacidade e aptidão então alcançado.[71]

É verdade que a história do projeto do Ministério da Educação e Saúde contaria com a participação direta de Le Corbusier. Menos de um ano após a proclamação do resultado do controvertido concurso organizado para tal fim em 1935 – o primeiro de uma série de concursos nacionais para a construção de edifícios públicos –, no qual o projeto vencedor, de autoria de Archimedes Memória, não foi acatado pelo ministro Gustavo Capanema, o arquiteto franco-suíço desembarcou no Rio de Janeiro.[72] Permaneceu na cidade durante quatro semanas para assessorar uma equipe de arquitetos coordenada por Lúcio Costa, que fora pessoalmente convidado pelo ministro a conduzir o projeto do Ministério. A equipe era composta por arquitetos cujas propostas haviam sido desclassificadas na primeira fase do concurso e contava, além de Costa, com Niemeyer e Carlos Leão, que haviam trabalhado em seu escritório com Warchavchik; Jorge Moreira e Affonso Reidy, que vinham se destacando na profissão; e Ernani Vasconcellos, o mais jovem, sócio e primo de Moreira. Além de seus projetos – todos de vanguarda, alguns dos quais diretamente inspirados nos projetos de Le Corbusier para a Liga das Nações e o Centrosoyus – apresentarem afinidades evidentes, os profissionais haviam se formado na Enba na primeira metade da década e se aproximado de Costa quando de sua breve passagem pela direção da escola.

Desde então, a proposta seria gradualmente transformada, passando do projeto inicial da equipe com planta em "U", viabilizado graças à alteração das normas urbanas fixadas pelo Plano Agache para a Esplanada do Castelo, à solução sugerida pelo assessor estrangeiro recém-chegado de transferir o complexo para outro terreno, na praia de Santa Luzia, onde o edifício poderia ser pensado em escala territorial, em diálogo tanto com o plano da cidade universitária, também em estudo, e com o futuro aeroporto como com os grandes ícones naturais ao redor, a baía da Guanabara, o Pão de Açúcar e o Corcovado.

> Sobre ele implantou um bloco horizontal de duzentos metros de longitude e oito andares de altura, apoiado completamente sobre os pilotis de quatro metros de altura. (…) O volume principal era atravessado por um eixo perpendicular menor, colocado assimetricamente, formado pelo trapézio baixo abobadado do teatro, situado na fachada norte e o novo salão de exposições, solicitado pelo ministro, orientado à direção sul.[73]

Constituindo, pois, um signo referencial do sistema arquitetura-cidade-natureza, logo a hipótese foi novamente abandonada. Poucos dias antes do regresso à França, Capanema solicitara a Le Corbusier que adaptasse a solução ao terreno original em função da incerteza quanto à obtenção da área sugerida. O esquematismo da solução e o silêncio quanto a importantes aspectos funcionais e formais levariam essa terceira proposta ao ostracismo e mesmo à fragilidade quando comparada ao que a equipe brasileira conceberia após a partida do consultor. Roberto Segre examinou em detalhes as múltiplas condicionantes que envolveram a realização do edifício e assim descreveu a singularidade da solução adotada a partir de 1937, por ele atribuída a Oscar Niemeyer:

> A leveza do MES está definida basicamente pela relação que se estabelece entre os dois sistemas de pilotis – o principal do bloco alto e o secundário do salão de exposições – e ambos os volumes básicos da composição. Por um lado, a lâmina alta é suspensa pela sequência de colunas soltas, que se estendem até os blocos laterais, estes recuados em relação ao perímetro daquelas, no sistema bipolar da base; por outro, o salão de exposições está quase pendurado nas colunas finas que definem o suporte estrutural externo. A tentativa de eliminar a imagem de carga no trapézio do teatro que se apoia no solo é conseguida através dessa fileira de colunas que o morde por meio de uma faixa saliente envidraçada, permitindo a comunicação do salão de atos com a área externa.

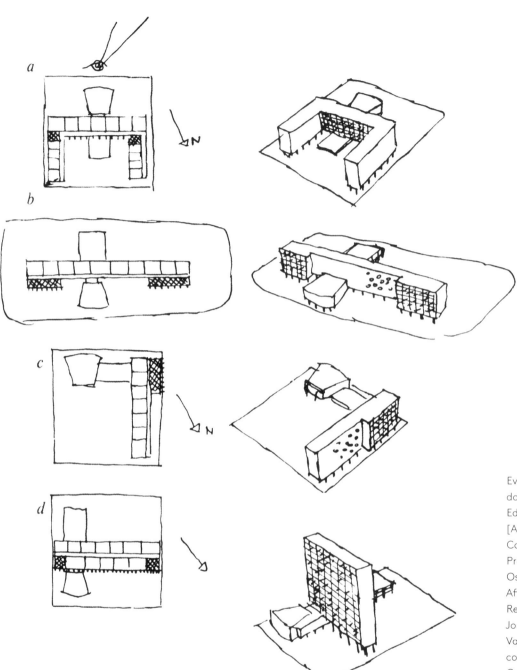

Evolução do projeto do Ministério da Educação e Saúde [Atual Palácio Capanema]
Projeto de Lúcio Costa, Oscar Niemeyer, Affonso Eduardo Reidy, Carlos Leão, Jorge Moreira, Ernani Vasconcellos, com consultoria de Le Corbusier, paisagismo de Roberto Burle Marx
Rio de Janeiro, RJ, 1935-37

O bloco de escritórios, por sua vez, carece de qualquer elemento que se destaque formal, horizontal ou verticalmente. Com a fachada de vidro como uma superfície contínua e homogênea, sem qualquer marcação estrutural, e com a malha do muxarabi do sistema de brise-soleil da face oposta, anula-se a percepção dos andares ou o ritmo reiterativo estabelecido pelas janelas tradicionais. O conjunto constitui uma articulação de leves volumes puros desmaterializados, que atingem um equilíbrio plástico, cuja percepção monumental é conseguida por meio da escala, da visão a distância e do jogo de luzes e sombras.[74]

Com a obra, notou Segre, introduzia-se uma espacialidade até então inédita, que privilegiava a articulação do edifício ao entorno urbano, mobilizando também uma nova monumentalidade, que rompia inteiramente com a axialidade frontal ao resolver o edifício por meio da combinação de prismas geométricos puros, isolando-o no terreno e implantando-o de modo a ser percebido em escorço. Conferia-se ao conjunto, assim, "certa dramaticidade e dinâmica compositiva", que materializava no espaço da cidade um fragmento arquitetônico dissonante, cuja forma não possuía início nem fim, entrada nem saída, e cujo valor de monumento era ademais acentuado pelo minucioso projeto paisagístico de Burle Marx e a integração das obras de arte no exterior e no interior do edifício.

Ao longo dos mais de oito anos de construção do Mesp – de 24 de abril de 1937, quando foi lançada a pedra fundamental, a 3 de outubro de 1945, quando foi oficialmente inaugurado –, o edifício inseriu-se em definitivo entre os grandes marcos da arquitetura moderna. No plano internacional, por meio das revistas, a crítica mais influente, a historiografia de arquitetura, a lente dos fotógrafos, exposições como a própria *Brazil Builds*, que em grande medida justificou-se pela obra em andamento; e nacionalmente, doravante tomada como objeto de culto e modelo de referência para as novas gerações de arquitetos,[75] culminando com o tombamento pelo Dphan apenas três anos após a conclusão dos trabalhos. Desse modo, bem antes da emergência de qualquer política concertada de preservação do patrimônio de arquitetura moderna no

Brasil, o arquiteto Alcides da Rocha Miranda, em seu parecer junto ao órgão, recomendaria o tombamento, por tratar-se da primeira edificação monumental destinada a sede de serviços públicos e executada no mundo em estrita obediência aos princípios da moderna arquitetura.

> Esse caráter de edifício como marco de uma nova fase da evolução da arquitetura lhe vem sendo reconhecido pelos críticos e especialistas mais autorizados da Europa e da América, tal como é do conhecimento público, através das publicações técnicas. A obra em questão reveste-se, assim, da maior importância, do ponto de vista artístico e histórico, sendo de toda conveniência colocá-lo sob a proteção do Decreto-lei n. 25.[76]

Também precocemente tombada como patrimônio nacional, ainda que por razões diversas, foi a Igreja de São Francisco da Pampulha, em 1947. Parte de um conjunto maior encomendado a Oscar Niemeyer pelo então prefeito de Belo Horizonte, Juscelino Kubitschek, a obra não fora bem acolhida pelo clero local, que se negara a consagrá-la, atuava impunemente em sua descaracterização e até mesmo ameaçava demoli-la para dar lugar a outra edificação.[77] O tombamento vinha, assim, como recurso preventivo de canonização da obra por parte do Estado, em um momento no qual ela já alcançava "impacto internacional maior do que qualquer outra estrutura brasileira".[78]

O **conjunto da Pampulha**, composto pelo cassino (que em 1957 se tornou o Museu de Arte da Pampulha), a Igreja São Francisco de Assis, o Iate Clube, a Casa do Baile e o Hotel (que não foi construído), foi concebido como polo de turismo e recreação destinado às classes enriquecidas, às margens da represa implantada em 1938 para conter as enchentes e favorecer o abastecimento d'água da cidade. Empossado em 1940, Juscelino iniciou um processo de estudo de alternativas para a região, que culminou com o convite a Niemeyer, a ele apresentado por Capanema, seu conterrâneo. Ligado, assim, ao processo mais geral de urbanização da capital mineira no período varguista e às práticas sociais e culturais então emergentes entre as elites locais, o projeto – que contou com o cálculo estrutural de Joaquim Cardozo, concepção paisagística de Burle Marx e obras de Candido Portinari, August Zamoyski, Tomás Santa Rosa, José Pedrosa, Alfredo

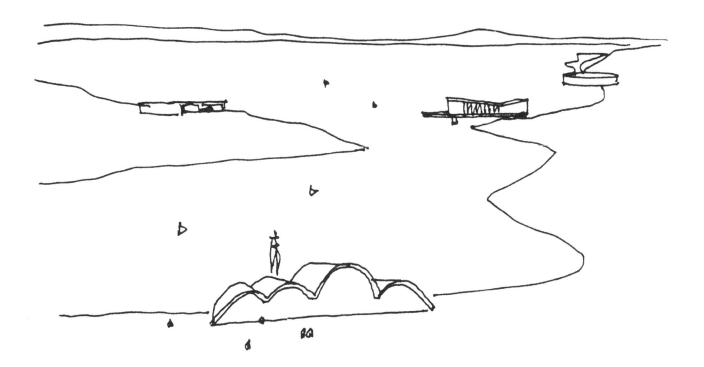

Croqui para o projeto do Conjunto da Pampulha, Oscar Niemeyer, paisagismo de Roberto Burle Marx, Belo Horizonte, MG, 1940-43. Desenho do arquiteto

Ceschiatti e outros – descende diretamente da experiência do Ministério.

Na obra de Niemeyer, Pampulha demarca a tomada definitiva de consciência da plasticidade inerente ao concreto armado, e nele um senso escultórico e um repertório formal próprios ao arquiteto teriam se constituído para rapidamente associar-se à própria imagem da contribuição brasileira aos impasses vividos pela arquitetura moderna internacional durante a guerra. No conjunto, é possível reconhecer muito do que Stamo Papadaki entusiasticamente observou acerca da poética de sua obra anterior a 1950:

> Vistas cuidadosamente selecionadas e enquadradas, brisas cercadas e canalizadas, espaços dotados de seus próprios horizontes internos, a prover o habitante de algo mais que um ambiente mínimo ou "suficiente" de vida. Ao mesmo tempo que as áreas funcionais ou operacionais de seus prédios são rigidamente calculadas, Niemeyer é capaz de conceber e

justificar o espaço empírico que produz distâncias, perspectivas, ilhas de repouso, necessárias ao intercâmbio natural entre seres humanos sob o mesmo teto. E suas linhas vagueantes, inspiradas no barroco, ao se tornarem realidades estruturais por meio da malha de concreto armado, casam-se aos contornos sinuosos dos pequenos vales aluviais e aos recintos criados pelas altas formações montanhosas.[79]

Mais recentemente, a historiografia de arquitetura moderna vem situando nas obras da Pampulha a instauração de uma atitude peculiar. Lionello Puppi, por exemplo, notou a novidade então enfrentada pelo arquiteto ao colocar-se o desafio da "construção formal da paisagem", e Yves Bruand, um dos que perceberam os nexos inconfessáveis do conjunto com o populismo no poder, a extravagância suntuária e a especulação imobiliária, assinalou os novos horizontes ali abertos à imaginação plástica, ao lirismo, à variedade e à ambiguidade que haviam sido banidos pelo rígido vocabulário racionalista.[80] Revisões mais abrangentes da produção internacional também vêm reiterando essa leitura.

Kenneth Frampton assinalou as variadas reinterpretações por Niemeyer de conceitos-chave corbusianos, como planta livre e *promenade*, doravante conduzidos a níveis inéditos de fluidez e interpenetração, equilíbrio e vivacidade, constituindo na Pampulha, nas palavras de Jean-Louis Cohen, um verdadeiro "manifesto de uma arquitetura livre e lírica".[81] Já então a arquitetura brasileira parecia ter conquistado plena maturidade. Inclusive nos termos postos décadas antes por Goodwin, para quem a "evolução completa do movimento", para surpresa do "resto do mundo", parecia ter avançado com os brasileiros "alguns passos adiante no sentido das ideias lançadas tanto na Europa como na América, antes da guerra de 1914".[82]

Logo a crítica nativa reconheceria ali um ponto de inflexão crucial para o entendimento da moderna arquitetura brasileira. Joaquim Cardozo, por exemplo, ainda nos anos 1950 notara o investimento feito no problema da estrutura, tanto em seus princípios de equilíbrio como em seu aspecto formal, em detrimento inclusive das geometrias tradicionais rumo às possibilidades estéticas das novas funções matemáticas.

Sophia Telles, por sua vez, observaria a constituição já nas colunas da marquise da Casa de Baile de uma atitude recorrente na obra de Niemeyer de sublimação dos esforços estruturais, que subvertia a vocação tectônica em busca de uma estranha leveza do concreto armado, de sua continuidade plástica tornada matéria de imaginação inventiva. Algo que viria a florescer em Brasília. Danilo Macedo nisso reconheceria o nascimento de um novo ciclo na arquitetura brasileira, a partir do qual a experimentação estrutural teria tomado parte ativa na conformação de uma linguagem brasileira de arquitetura. Na mesma direção, também Lauro Cavalcanti observaria que as obras da Pampulha assinalavam "o nascimento de uma linguagem cosmopolitamente brasileira, mais do que simples adaptação de princípios internacionais aos ares tropicais".[83]

Ao lado de realizações públicas tão emblemáticas quanto essas, variadas obras particulares confirmarão a penetração da linguagem também no mercado e no gosto médio. É o caso, em ponto grande, dos **edifícios Nova Cintra, Bristol e Caledônia**, complexo projetado por Lúcio Costa em 1948, em torno do Parque Guinle. Área privada, os jardins de inspiração francesa aos pés do palacete da família de mesmo nome no bairro de Laranjeiras, no Rio de Janeiro, foram construídos em 1916. Em 1941, os herdeiros de Eduardo Guinle resolveram vender a casa à União para se tornar a residência oficial do presidente da República e lotear o parque adjacente em um empreendimento imobiliário, na forma de condomínio de residências unifamiliares de luxo. Nas mãos de Lúcio Costa, que entre 1940 e 1944 havia trabalhado para a família na obra do Park Hotel São Clemente, em Nova Friburgo, o projeto foi convertido num conjunto de edifícios, dos quais, no início, apenas aqueles três seriam edificados – em 1948, 1950 e 1954, respectivamente. Implantados perifericamente ao parque, construídos sobre pilotis – à exceção do Nova Cintra, paralelo à rua Gago Coutinho, que receberia um conjunto de lojas voltadas para a via pública, funcionando como anteparo ao movimento – e com fachadas inteiramente vazadas, os edifícios alongados de oito e nove pavimentos visavam ao mesmo tempo a assegurar maior privacidade ao conjunto e ampla fruição da paisagem ao redor.

Abrindo-se para o parque à frente, os pavimentos térreos

foram trabalhados como pequenas praças semicobertas, elevadas em relação ao terreno natural, niveladas graças ao uso de alturas diferentes em cada linha de pilares e completadas por platôs artificiais, escadas em leque e lajes intermediárias de perfis sinuosos formando mezaninos abertos ao exterior. Alguns elementos teriam enorme sucesso na fortuna crítica do projeto, como os volumes cilíndricos envidraçados das escadas helicoidais ao fundo do Nova Cintra, as plantas variadas dos apartamentos, inclusive em duplex, como na Unité de Marselha, então em execução, e o uso das varandas reentrantes em duas versões tradicionais na casa brasileira, a social e a caseira. Mais exuberante ainda foi a maneira como o arquiteto resolveu a questão da proteção contra o sol, criando uma trama modular independente da estrutura ao longo das fachadas longitudinais para a disposição cuidadosa de soluções muito variadas de elementos de sombreamento, conforme o uso dos espaços internos correspondentes: *brises* verticais, cobogós, muxarabis, planos de tijolos vazados, de vidro, por vezes ainda recortados por janelas – como Reidy no Pedregulho, Delfim Amorim no edifício Santa Rita e tantos outros exemplos

posteriores –, formando tecidos de sombras, cores, texturas e materiais de notável efeito plástico.[84]

Vencedor do prêmio de melhor projeto para prédios residenciais na primeira Exposição Internacional de Arquitetura da Bienal de São Paulo, em 1951, cujo júri era composto, entre outros, por Giedion, Mario Pani e Eduardo Kneese de Mello, o conjunto foi tombado pelo Iphan em 1986, não somente por seu valor artístico e histórico e sua importância para a consolidação da moderna arquitetura brasileira, mas também em reverência à notável contribuição de seu autor, o arquiteto Lúcio Costa, para a cultura patrimonial brasileira e à síntese por ele apregoada entre valores tradicionais e modernos na arquitetura.[85]

Mas há expressões ainda mais discretas e ao mesmo tempo

Parque Guinle, Lúcio Costa, Rio de Janeiro, RJ, 1948
Foto: Marcel Gautherot

eloquentes da consolidação de uma linha peculiar de arquitetura moderna no Brasil. Entre elas, é sintomático que ao longo dos anos 1940 e 1950 um conjunto crescente de residências modernas, diretamente ligadas a essa matriz projetual, avançasse no campo do gosto e das encomendas. A **residência Walter Moreira Salles**, projetada e construída no Rio de Janeiro por Olavo Redig de Campos entre 1948 e 1951, é certamente um exemplo cheio de peculiaridades. Formado em Roma em 1931, Campos, desde cedo, assumiu um papel importante no projeto de obras públicas junto ao Instituto de Aposentadoria e Pensões dos Ferroviários da Central do Brasil e, posteriormente, como autor dos projetos do Centro Cívico de Curitiba, da Assembleia Legislativa do Paraná e das embaixadas brasileiras em Washington, Lima e Buenos Aires. O trabalho junto ao setor de patrimônio do Itamaraty a partir de 1947, onde permaneceu durante quase trinta anos, aproximou-o do meio diplomático. Foi nesse contexto que concebeu a casa do embaixador e banqueiro Moreira Salles no bairro da Gávea. Estruturado em torno de um pátio central, que se articula por meio de uma marquise ondulada à piscina e aos amplos jardins desenhados por Roberto Burle Marx, o palacete notabiliza-se pela maneira habilidosa como concilia o programa residencial e as grandes recepções e funções de entretenimento. A área íntima seria resolvida em uma única ala em torno ao pátio, fortemente polarizado por usos sociais, terraço, sala de estar, galerias, biblioteca, jogos, sala de jantar e salão de festas. Além dos acabamentos requintados, o paisagismo, premiado na II Bienal de São Paulo, em 1953, completa o cenário luxuoso graças à maneira como insere as linhas de percurso e as zonas de convivência na paisagem natural, valendo-se para isso da especificação das massas de vegetação, dos traçados de piso e dos painéis desenhados pelo paisagista. Apesar de apenas em 2006, em meio a um conjunto mais amplo de prédios modernistas na cidade, o imóvel ter sido tombado em caráter provisório pela Prefeitura do Rio de Janeiro, seu restauro na virada do século para conversão em sede do Instituto Moreira Salles assegura excelente estado de conservação ao conjunto.[86]

Mas não foi apenas no Rio de Janeiro – onde aos arquitetos da geração de Niemeyer e Campos se juntariam jovens profissionais

Residência Walter Moreira Salles [atual sede do Instituto Moreira Salles], Olavo Redig de Campos, paisagismo de Roberto Burle Marx, Rio de Janeiro, RJ, 1948-51
Foto: Marcel Gautherot

Residência Vilanova Artigas, João Batista Vilanova Artigas, São Paulo, SP, 1949
Foto: Ernesto Mandowsky

formados no pós-guerra, como Sérgio Bernardes e Francisco Bolonha – que a linha trilhada pela dita "escola carioca" despertou interesse. A arquitetura brasileira moderna faria escola também em outros estados, onde atuavam arquitetos diplomados pela recém--criada Faculdade Nacional de Arquitetura, como Eduardo Corona, Helio Duarte, Acácio Gil Borsoi, Edgar Graeff, Lygia Fernandes, Ivan da Silva Britto ou José Bina Fonyat, assim como um número crescente de profissionais formados em outras instituições do país e do exterior, inclusive antes da guerra, como Vilanova Artigas, Ícaro de Castro Mello, Oswaldo Correa Gonçalves, Ernesto de Carvalho Mange, Sylvio de Vasconcellos, Shakespeare Gomes, Eduardo Mendes Guimaraes, Carlos Fayet, Nelson Souza, Diógenes Rebouças, Delfim Amorim, Mário Russo, Arnaldo Paolielo, Rodolpho Ortenblad, David Libeskind e tantos outros.

Um exemplo notável é justamente a segunda **residência Vilanova Artigas**, projetada pelo próprio arquiteto em 1949, no Campo Belo, bairro de São Paulo. Construída ao lado de sua primeira residência, datada de 1942, de assumida inspiração wrightiana, a casa reitera a crescente aproximação de Artigas, na segunda metade da década, à produção do Rio de Janeiro já consagrada. A organização do espaço é racionalmente definida em torno do bloco hidráulico central do qual se distribuem as duas linhas de cobertura em laje-borboleta que abrigam as áreas íntima e social, esta última completada pelo volume do estúdio-biblioteca sobre pilotis no terraço vazado. Sem nenhuma hierarquia de tratamento entre frente e fundos, entrada social e de serviço, a forma da edificação deixa-se dominar pelos jogos volumétricos, de transparência e opacidade, assim como pela silhueta gráfica das lajes e das empenas laterais e pelo uso didático da cor nos elementos de estrutura e vedação. É sintomático que, manipulando com destreza as experiências de Niemeyer com o concreto, o vidro, a laje-borboleta e o pilotis, o arquiteto de São Paulo tenha logrado revisar o esquema doméstico à luz das relações e das antinomias entre arquitetura e cidade no Brasil.[87]

Se nem sempre tais experiências projetuais mantiveram-se inteiramente fiéis ao modelo de referência,[88] se o estabelecimento no Brasil de arquitetos estrangeiros ou formados no exterior com frequência alimentou outras coordenadas de atuação,[89] se mesmo no Rio de Janeiro é possível reconhecer variações e dissidências importantes em relação ao cânone,[90] foi sem dúvida essa arquitetura que se impôs nacional e internacionalmente. Ao menos até meados da década de 1950. São inúmeros os testemunhos projetuais, edilícios e textuais a esse respeito. Desse modo, obras importantes, como o Instituto de Arquitetos do Brasil em São Paulo ou o edifício Caramuru em Salvador, diretamente ligadas ao processo de expansão e verticalização de tais cidades, não são de modo nenhum excepcionais.

Fruto de um concurso público no segundo pós-guerra, o **edifício do IAB-SP** foi projetado e construído entre 1947 e 1950 em um terreno de esquina entre as ruas Bento Freitas e General Jardim, na Vila Buarque, centro de São Paulo. O concurso teve no júri, além de Firminio Saldanha, presidente do IAB nacional à época, e de Warchavchik, o próprio Oscar Niemeyer e outros dois arquitetos formados no Rio, Fernando Saturnino de Brito e Helio Uchoa, este último assíduo colaborador do mestre carioca. Por recomendação do júri, as três equipes finalistas – compostas por Rino Levi e Roberto Cerqueira César; Abelardo de Souza, Hélio Duarte e Zenon Lotufo; e Jacob

Ruchti, Miguel Forte e Galiano Ciampaglia – foram convidadas a amadurecer em conjunto o projeto definitivo. Apesar da diversidade de trajetórias e atitudes entre os participantes, são evidentes as dívidas do projeto definitivo para com a arquitetura carioca. Visível em outros projetos de destaque no período em são Paulo, como os edifícios Prudência, de Rino Levi, de 1944, e Louveira, de Vilanova Artigas, de 1946, e a sede do jornal *O Estado de S. Paulo*, de Franz Heep e Jacques Pilon, do mesmo ano, também a solução ali adotada parece reforçar a tendência da produção arquitetônica na cidade. Com estrutura independente, vedação em cortina de vidro, planta e fachada livre, sua volumetria resulta da interpretação do repertório corbusiano, amplamente mobilizado no Rio de Janeiro desde a década anterior, à luz das injunções locais, relacionadas ao programa, ao mesmo tempo institucional, social, cultural e comercial, à legislação construtiva e à sua inscrição urbana. Uma boa descrição do imóvel pode ser encontrada no parecer técnico que acompanha o processo de tombamento do prédio junto ao Condephaat, órgão estadual de preservação:

O edifício expressa externamente uma clara subdivisão tripartida. A ampla base, que se relaciona em gabarito com as construções vizinhas mais antigas, compreende, no térreo, uma sala polifuncional, o hall de acesso e, acima, o andar duplo para a sede social do instituto. O corpo central compreende quatro andares destinados a escritórios, porém marcados, em relação ao corpo central, pelo recuo das janelas que foram assim projetadas, segundo Mindlin, "para atender ao Código de Construção", que permite a extensão das lajes dos pisos, em balanço, até o alinhamento, desde que seja exclusivamente para fins de proteção da chuva e do sol. No subsolo, hoje ocupado por um auditório do IAB, funcionou por muito tempo o Clube dos Artistas e Amigos da Arte. Os acessos são totalmente independentes. O subsolo e a sede social do instituto são servidos por escada privativa, primorosamente projetada, e os escritórios, pelo corpo de elevadores. Destaca-se, no interior do edifício, a solução do pé-direito duplo que integra o restaurante e o salão de reuniões da sede social do instituto.[91]

Tombado em nível estadual em 2002 e em nível municipal em 1992, o imóvel foi também listado pelo Iphan em 2015, com base no reconhecimento de seu "mérito cultural", seja no que diz respeito ao valor artístico do edifício, seja em função da notável atividade social da entidade que abriga. Eis que, finalmente, depois de décadas de deterioração física do prédio, que acompanhou a perda das funções de centralidade da região e, pouco depois, a crise de representação do próprio Instituto, um projeto de restauro foi elaborado e vem sendo executado desde 2013.

O **edifício Caramuru** é outro exemplo notável da irradiação nacional da "escola carioca". Primeiro edifício modernista de uma série de outros que surgiriam no bairro do Comércio, em Salvador, foi projetado em 1946 pelo arquiteto carioca Paulo Antunes Ribeiro. Menos conhecido hoje que muitos contemporâneos, Paulo é autor de projetos importantes de clubes, hotéis, hospitais, bancos e planos urbanos Brasil afora, tendo chegado a presidir o IAB em âmbito nacional entre 1953 e 1954. Na Bahia, além do Caramuru, executou pelo menos outros oito projetos, entre os quais o Hotel da Bahia, ao lado de Diógenes Rebouças, em 1947/1952, a sede do Banco da Bahia, de 1958, e outros edifícios de escritórios, principalmente na capital.

Sede da companhia Prudência Capitalização, trata-se de um edifício prismático de oito pavimentos, incluindo um térreo com pé-direito duplo e mezaninos curvilíneos e uma cobertura com apartamento e terraço-jardim projetado por Burle Marx. Construído em concreto armado, lança mão da planta livre para assegurar uma disposição flexível do programa administrativo nos pavimentos tipo. A característica mais marcante do edifício é certamente a solução de *brise-soleil*, adotada em duas das fachadas: concebidos na forma de painéis de

Edifício do Instituto de Arquitetos do Brasil, Departamento de São Paulo, IAB-SP, Rino Levi, Roberto Cerqueira César, Abelardo de Souza, Hélio Duarte, Zenon Lotufo, Jacob Ruchti, Miguel Forte e Galiano Ciampaglia, São Paulo, SP, 1947
Foto: José Moscardi

Edifício Caramuru,
Paulo Antunes Ribeiro,
Salvador, BA, 1946
Foto: Boer

alumínio de seis metros quadrados, separados 25 centímetros uns dos outros, são apoiados sobre consolos de concreto salientes de modo alternado, ora avançando, ora retrocedendo em relação à superfície arquitetônica.[92]

Apesar de constituir um marco inquestionável da arquitetura moderna na Bahia e no Brasil, publicado extensamente em periódicos de arquitetura da época, nacionais e estrangeiros, como *Architectural Review*, *Aujourd'hui*, *Domus*, e mesmo distinguido com menção honrosa na Exposição Internacional de Arquitetura da I Bienal de São Paulo, em 1951, na categoria de edifício comercial ou de uso público, o imóvel passou por um processo acelerado de deterioração com o deslocamento das atividades comerciais, financeiras e de serviços para outras áreas de Salvador. Abandonado durante décadas e ocupado em certo momento por um grupo de sem-teto, em 2007 chegou-se a planejar – com o aval da Prefeitura – sua demolição para dar lugar a um hotel de luxo, no bojo dos preparativos da cidade para a Copa do Mundo de Futebol de 2014. Foi nesse contexto que os meios especializados locais se mobilizaram para o tombamento do imóvel, o que aconteceu em caráter provisório junto ao Instituto do Patrimônio Artístico Cultural da Bahia em 2008; desde então, há instrução de tombamento também no Iphan. A valorização cultural do imóvel, e evidentemente as restrições e os parâmetros estipulados pelo Ipac, mais recentemente levariam os proprietários a iniciar um processo de reforma do edifício, como de praxe não muito abalizada[93] – a exemplo, aliás, do que se passou com o Esther e tantos outros edifícios particulares tombados nos velhos centros das cidades brasileiras.

Por certo a enorme irradiação do cânone carioca pelo país e a visibilidade adquirida pela produção brasileira com ele afinada produziriam reações diversas, inclusive negativas. Contudo, apesar das controvérsias, a visão de um caminho original parece ter sido unanimemente reconhecida por seus detratores e admiradores. Lúcio Costa o tomaria como "milagre". Pois como explicar o desenvolvimento súbito da arquitetura brasileira na primeira metade do século XX?

> Como explicar que, de um lado, a proverbial ineficiência do nosso operariado, a falta de tirocínio técnico de nossos engenheiros, o atraso de nossa indústria e o horror generalizado pela habitação coletiva se pudessem transformar a ponto de tornar possível, em tão curto prazo, tamanha revolução nos "usos e costumes" da população, na aptidão das oficinas e na proficiência dos profissionais; e que, de outro lado, uma fração mínima dessa massa edificada, no geral de aspecto vulgar e inexpressivo, pudesse alcançar o apuro arquitetônico necessário para sobressair-se em primeiro plano no mercado da reputação internacional, passando assim o arquiteto brasileiro, da noite para o dia e por consenso unânime da crítica estrangeira idônea, a encabeçar o período de renovação que vem atravessando a arquitetura contemporânea, quando ainda ontem era dos últimos a merecer consideração.[94]

Se, para Lúcio Costa, a abolição da escravidão e a Revolução Industrial, alterando de maneira decisiva as relações de produção e da técnica com a arte, assim como as maneiras de viver no país, teriam ajudado a clarear o processo, fatores nem sempre previsíveis pareciam-lhe ter colaborado para a constituição de uma moderna arquitetura brasileira. Algo como "um estado de espírito predisposto à receptividade, que tornou possível resposta instantânea quando a oportunidade de pôr a teoria em prática se apresentou".[95] Ou, ainda, a emergência de um gênio artístico nativo, expressão sem mediações da personalidade nacional, que, segundo Lúcio Costa, poderia ser reencontrada, tal qual em Aleijadinho no século XVIII, no arquiteto Oscar Niemeyer:

> Se o sentido geral dos acontecimentos é, de fato, determinado por fatores de ordem vária cuja atuação convergente assume, num determinado momento, aspecto de inelutabilidade, ocorre ponderar que na falta eventual da personalidade capaz de captar as possibilidades latentes, a oportunidade pode perder-se, e o rumo da ação, irremediavelmente alterar-se, devido ao fracasso no momento decisivo da primeira prova.[96]

Talvez porque menos comprometido com a explicação do enigma genético do que com um balanço da difusão dessa arquitetura desde a publicação de *Brazil Builds*, Henrique Mindlin, em seu livro de 1956, resumiu o fenômeno em uma frase: "A arquitetura internacional se tornou arquitetura brasileira". Originalmente publicado em inglês, francês e alemão, o livro de Mindlin partira de uma constatação primeira: para além da qualidade excepcional das obras pioneiras, o nível médio da produção arquitetônica em todo o Brasil parecia ter atingindo um patamar inexplicavelmente mais elevado que o da maior parte dos países. Surgida de modo inesperado e com rapidez impressionante, incapaz de ser determinada evolutivamente como resultado dos progressos na arte de construir ou na indústria nacional, ela parecia enraizar-se em fatores subjetivos, ligados ao ambiente cultural que produzira a Semana de Arte Moderna ou às transformações políticas resultantes da Revolução de 1930. Só assim seria possível compreender que arquitetos brasileiros tenham sido levados "a retomar a tradição de uma construção mais próxima da realidade brasileira, a (…) uma interpretação construtiva das necessidades arquitetônicas do Brasil no pós-guerra".[97] Tradição de bom senso e adaptabilidade às condições sempre novas de um país em formação que parecia fornecer uma resposta segura ao processo de modernização urbano-industrial que localmente ganhava fôlego.

DIFRAÇÕES E IMAGENS LATENTES

Os anos 1950 testemunham mutações significativas nesse horizonte. Elas certamente respondem às circunstâncias abertas pelo nacional-desenvolvimentismo e à refundação da cultura plástica moderna no Brasil *vis-à-vis* a criação de museus de arte, das bienais e de um sistema renovado de relações entre artistas, público, crítica e mercado. Mas essas mutações têm a ver também com as censuras de que a arquitetura brasileira começara a ser alvo. Algumas delas, bastante ásperas, insistiriam na dimensão de irracionalidade e excesso formalista do modernismo arquitetônico brasileiro, não apenas em sua súbita irrupção. Haveria algo nele da mais irresponsável frivolidade daqueles anos: na linha "do mais arrojado e exuberante barroco setecentista", como se um "maneirismo corbusiano" houvesse sido aqui imposto de cima para baixo, mal escondendo suas "veleidades pelo inédito", talvez porque fundamentalmente restrito a "construções mirabolantes para o Estado e os milionários".[98] É possível que a crítica mais dura tenha sido aquela proferida ainda no começo da década por Max Bill, ex-aluno da Bauhaus, fundador da escola de Ulm e principal porta voz da Boa Forma e da arte concreta suíça.[99] Primeiro grande abalo efetivo na autoestima dos arquitetos brasileiros e na representação mundial da produção local, o ataque feroz ao partido da caixa sobre pilares adotado no MES, às formas "estapafúrdias" meramente decorativas dos pilotis de Niemeyer e aos riscos de a produção local recair em um "academicismo antissocial" de todo reprovável[100] é inconcebível fora do quadro dos enfrentamentos internacionais entre agendas construtivas neovanguardistas e a ênfase em valores emocionais, orgânicos e preocupações humanísticas típicas do segundo pós-guerra.[101] Não obstante, a conferência de Max Bill na Faculdade de Arquitetura e Urbanismo da USP, logo publicada na revista *Habitat* por Lina Bo e Pietro Maria Bardi e pouco depois divulgada em toda parte, suscitou profundo mal-estar e mesmo certa comunhão local na tentativa de desmoralizar o artista e refutar seus argumentos.

O fato é que também no Brasil, desde a primeira metade da década, em meio à multiplicação das agendas tecnológicas, artísticas e intelectuais e o aprofundamento dos elos entre cultura e questão social, afloravam posições dissonantes e mesmo de censura à arquitetura moderna consagrada no Rio de Janeiro. Ainda que esparsas e muitas vezes proferidas por personagens periféricos ao círculo carioca em torno de Costa e Niemeyer, essas críticas encontrariam espaço cada vez mais receptivo no meio especializado, por meio de revistas como *Habitat*, *Acrópole*, *AD*, *Brasil Arquitetura Contemporânea* e em congressos, conferências e exposições. Descontentes com a obsessão local pela novidade e o recorrente desprezo às qualidades construtivas das obras, lamentando o sacrifício da escala humana na produção recente, reivindicando uma pausa para reflexão acerca dos rumos tomados pela arquitetura brasileira, tais pronunciamentos provinham de múltiplas matrizes. Lina Bo Bardi, por exemplo, falava da necessidade não de rejeitar, mas de educar, a rude e "bela criança", tal como ela descrevia a moderna arquitetura brasileira; interessado na produção norte-americana do pós-guerra, Rodolpho Ortenblad reivindicava a ampliação das perspectivas locais ainda fortemente arraigadas nas lições de Le Corbusier; em contato com o meio organicista italiano, Jorge Wilheim narrava o desconforto ali com a arbitrariedade formal da arquitetura brasileira, descolada da produção popular; Roberto Cerqueira César, por sua vez, salientava o aparecimento de uma nova geração de arquitetos em São Paulo, livre das soluções "espetaculares e decorativas" estimuladas pelo êxito internacional da arquitetura da geração anterior; e Henrique Mindlin insistia na utilidade eventual das restrições à produção brasileira, ameaçadas então de serem reduzidas a "mal--entendidos estéreis", ao "choque das suscetibilidades descabidas e das discussões pessoais".[102]

As advertências e objeções emitidas por figuras das mais diversas parecem claramente emergir dos dilemas colocados à práxis contemporânea, haja vista a afirmação de novas questões apresentadas pelo debate internacional; a valorização no Brasil de referências profissionais alternativas a Le Corbusier, como as obras de Wright, Gropius, Mies, Neutra, Nervi, Aalto, Zevi e de outros; o trânsito mais intenso de expoentes mundiais da arquitetura no meio local; a renovação das coordenadas operativas, críticas e interpretativas no país e a crescente tomada de posição dos profissionais brasileiros face à realidade socioeconômica e aos urgentes problemas habitacionais e urbanos.

As controvérsias e censuras que emergiam nesse contexto abriam, portanto, caminhos ou ao menos contribuíam para conferir legitimidade a posturas independentes ou abertamente dissidentes em relação ao cânone nacional. É verdade que múltiplas perspectivas da arquitetura moderna já eram perceptíveis desde os anos de afirmação da "escola carioca". Ainda mais em São Paulo, onde desde então, com o estabelecimento de toda uma geração de arquitetos estrangeiros, "desenvolveu-se uma arquitetura que, em linhas gerais, não fica a dever ao exemplo carioca".[103] E não apenas por meio deles, que, como Jacques Pilon, Daniele Calabi ou Lucjan Korngold, ainda antes ou ao longo da Segunda Guerra Mundial atuavam de modo menos alinhado ao circuito de consagração, ou como Bernard Rudofsky, que nele claramente viria a se ancorar.[104] Mas também depois da guerra, enquanto o movimento moderno fragmentava-se na Europa, a tendência ganharia corpo no Brasil. De um lado, graças à chegada ao Brasil de uma nova leva de profissionais europeus no pós-guerra, muitas vezes atraídos pelo cenário promissor que a arquitetura brasileira descortinava-lhes, como Lina Bo Bardi, Giancarlo Palanti, Mário Russo, Franz Heep, Francisco Beck, Victor Reif e outros. Em geral mais abertos à experimentação projetual, por vezes também eles se mostrariam mais disponíveis aos parâmetros apresentados pelo mercado imobiliário e às novas clientelas urbanas em ascensão. Ao mesmo tempo, sobretudo a partir da década de 1950, com os deslocamentos visíveis na produção de alguns dos arquitetos modernos brasileiros de várias gerações, em direções tão diversas quanto aquelas tomadas por Oswaldo Bratke, Eduardo Kneese de Mello, Henrique Mindlin, Vilanova Artigas, Miguel Forte, Galiano Ciampaglia, Jacob Ruchti, Plinio Croce, Sérgio Bernardes, Luís Saia, Eduardo Corona, Roberto Tibau, Gian Carlo Gasperini etc., ou por arquitetos ainda mais jovens, formados na própria década de 1950, como Marcos Konder, Carlos Millan, Fábio Penteado, David Libeskind, Sérgio Rodrigues, Jorge Wilheim, Marcelo Fragelli, Paulo Mendes da Rocha,

Joaquim Guedes, João Filgueiras Lima, Rosa Kliass, Pedro Paulo de Melo Saraiva, Jon Maitrejean, Abrahão Sanovicz, Luiz Paulo Conde, Glauco Campelo e vários outros.

Vale notar que, mesmo entre os arquitetos modernos de primeira água, contrastes importantes são discerníveis. Inclusive no Rio de Janeiro,[105] onde o próprio Max Bill havia percebido a necessidade de distinguir com clareza os excessos formalistas de Niemeyer dos "remarcáveis sucessos da arquitetura brasileira", de que Pedregulho oferecia inúmeros testemunhos. De fato, a obra de Affonso Eduardo Reidy, um dos expoentes da arquitetura carioca, constituiria na crítica e na historiografia uma linha de fuga especial no interior do cânone, em muito antecipando a arquitetura palaciana de Brasília e mesmo o diálogo com o brutalismo em São Paulo, via Lina Bo Bardi, Artigas, Paulo Mendes da Rocha ou Pedro Paulo de Melo Saraiva.[106] Assim, seja à frente do Departamento de Urbanismo da Prefeitura do Distrito Federal, seja em seu escritório particular, uma atitude peculiar de projeto logo seria reconhecida: extremamente cuidadosa com as sugestões do sítio em termos de topografia, orientação, inserção urbana, paisagem e de sua apropriação social; atenta ao programa, das infraestruturas às superestruturas, às instalações técnicas e ao mobiliário, assim como às questões construtivas, por vezes introduzindo materiais, técnicas e sistemas novos, conforme notou Francisco Bolonha, que trabalhou em seu escritório desde os anos de estudante no Rio de Janeiro.[107] Essa "maneira reidyana de trabalhar", "forma mesma da racionalidade", como notou João Masao Kamita, é perceptível em muitos de seus projetos e de suas obras: do conjunto de Pedregulho, de 1946, aclamado entre outras coisas pelo modo como formula o programa habitacional, ao Colégio Experimental Brasil-Paraguai, de 1952, primeiro passo para o projeto em corte dos paulistas; do plano de urbanização da esplanada resultante do desmonte do morro de Santo Antônio, de 1948, até o plano de urbanização do Aterro do Flamengo, de 1962 – obras que atestam a amplitude das preocupações do arquiteto com a cidade e o espaço público.

O edifício do **Museu de Arte Moderna do Rio de Janeiro**, de Reidy, é expressivo do alcance desses deslocamentos. Projetado por um arquiteto da turma de 1931, aluno de Lúcio Costa e

Gregori Warchavchik, colaborador do projeto definitivo para o MES, desde 1932 funcionário da prefeitura do então Distrito Federal e, como tal, responsável por uma série de encomendas públicas em clara sintonia com as coordenadas corbusianas, o edifício do museu manifesta razões de projeto até então pouco usuais entre os cariocas. Edificado sobre um terreno isolado da malha urbana, sua estratégia básica consiste em operar sinteticamente com a estrutura enquanto momento técnico e ao mesmo tempo formal,[108] de modo a tirar partido do entorno urbano do projeto. Vide as soluções adotadas, como o esquema horizontal dominante, o sentido espacial do programa resolvido em volumes (a galeria de exposições, a escola e o teatro) a um tempo conflitantes e articulados, o grande vão aberto sob a galeria e a integração do edifício à paisagem por meios de ritmos e contrapontos adotados nos jardins de Burle Marx. Funcionando, pois, como comentário construtivo à natureza incomum daquela cidade, uma mediação entre a cidade e a baía, ambas também em permanente modelagem, o museu termina por assumir um imponente aspecto cívico, formativo, em estreita conexão com a atualidade sociocultural do país.[109]

O bloco de exposições que se impõe na paisagem é todo ele uma estrutura "íntegra e onipresente, que não apenas participa do desenho do edifício, mas, agora, o antecipa e o constitui integralmente".[110] Ou, antes, são duas estruturas: os pórticos sucessivos que elevam o corpo da construção do solo "sustentam a laje do primeiro pavimento por meio de um apoio indireto, uma espécie de mão--francesa, integrante do pórtico", que ao criar um momento na base do pórtico "reduz os esforços ao longo da viga" de sustentação da laje inferior; enquanto isso, "as lajes intermediárias e de cobertura são atirantadas à viga superior".[111] Se a solução tem sua origem no desenho arbóreo das transições em tantos edifícios de Niemeyer, ela adere melhor a uma concepção estrutural da forma, na qual se apoiam não só as qualidades do espaço em sua fluidez, sua flexibilidade e sua funcionalidade, mas também o jogo de interpenetração – e as contradições dela resultantes – entre elementos volumétricos, linhas oblíquas e planos inclinados.

Não por acaso, o longo processo de construção do edifício – entre

Museu de Arte Moderna do Rio de Janeiro, Affonso Eduardo Reidy, paisagismo de Roberto Burle Marx, Rio de Janeiro, RJ, 1953
Vista aérea do Aterro do Flamengo
Foto: Marcel Gautherot

1954, quando o terreno começou a ser preparado para as obras; 1958, quando a nova sede do museu foi inaugurada em torno do bloco escolar; e 1967, quando o canteiro do bloco de exposições foi finalmente concluído – foi dos mais bem documentados fotograficamente do Brasil naqueles anos.[112] E, apesar do incêndio que o consumiu em 1978, das crises institucionais que o afetam até hoje, da controvertida obra do teatro, entregue em 2006, e dos terríveis acréscimos e interferências efêmeras ao longo dos anos, o edifício encontra-se em bom estado de conservação material. Na verdade, o tombamento pelo Iphan foi decretado no interior do processo mais amplo de tombamento do Parque do Flamengo, ainda antes da finalização das obras do bloco de exposições. Encaminhado em 1964 pelo próprio governador Carlos Lacerda, tratava-se, então, de salvaguardar o projeto urbanístico e paisagístico do parque, também de autoria de Reidy e Burle Marx, assim como as obras arquitetônicas em seu interior, inclusive as que ainda não haviam sido entregues, como o MAM, como ação preventiva ante o avanço da especulação imobiliária na região.[113]

O projeto do MAM no Rio obteria enorme repercussão em seu tempo, dentro e fora do país. Em São Paulo, desde sua premiação na I Bienal, Reidy tornara-se praticamente unanimidade. O edifício do **Museu de Arte de São Paulo**, projetado a partir de 1957 por Lina Bo Bardi, ainda durante as obras do MAM, é emblemático do prestígio adquirido pelo arquiteto naquela cidade. A sintonia com Lina, aliás, pode ser apreciada tanto na recorrência de projetos e contribuições do carioca publicados na revista *Habitat* como no parentesco formal entre algumas das obras da italiana com obras contemporâneas de Reidy, a exemplo da Casa de Vidro do Morumbi e da residência de Carmem Portinho em Jacarepaguá.[114] A bem da verdade, o próprio Reidy havia desenhado, em 1952, para o mesmo terreno do Trianon, na avenida Paulista, um projeto de Museu de Artes Visuais.[115] O terreno resultara da demolição do Belvedere para a instalação do pavilhão da primeira edição da Bienal de Arte de São Paulo, organizada pelo MAM, em 1951. No projeto de Reidy, o prisma triangular de quatro pavimentos, com duas das três faces envidraçadas protegidas por anteparos à insolação, elevava-se sobre pilotis, demarcando no nível da avenida Paulista uma ampla praça aberta com vista para a cidade. Assentando-se sobre uma plataforma também triangular, o museu teria em seu subsolo um teatro de mil lugares. O projeto vencera o concurso organizado por Francisco Matarazzo Sobrinho para a construção ali da nova sede do Museu de Arte Moderna de São Paulo, instalado desde sua fundação, em 1947, no mesmo edifício da rua Sete de Abril, no centro de São Paulo, que um ano depois abrigaria também o Masp.

Mesmo depois de sua cessão a este último, o terreno continuaria a ser alvo de disputas entre ambos os museus. Assim como o museu carioca, as duas instituições paulistas tinham como referência as concepções de museu ativo então difundidas pelo Conselho Internacional de Museus e o propósito característico do Museu de Arte Moderna de Nova York de atingir públicos mais amplos.[116] Tanto no Rio como em São Paulo, todavia, funcionavam em sedes adaptadas no interior de edifícios preexistentes.

Inserido em um momento movimentado na carreira da arquiteta, o primeiro anteprojeto de Lina para o Masp nasceu efetivamente em 1957, bastante marcado pela concepção estrutural em pórticos que havia orientado o estudo para o Museu de São Vicente, por ela projetado alguns anos antes.[117] Uma série de determinações, contudo, resultaria das negociações entre a instituição e o governo municipal: a manutenção do belvedere como área livre de colunas, o pé-direito acima dele ter oito metros e a construção conter no máximo dois andares.[118] A pedra fundamental só foi lançada em 1959, quando Lina já havia se transferido para a Bahia. Mas a obra, financiada pela Prefeitura, que também concedera o terreno à entidade privada, estendeu-se até 1968, quando a nova sede do museu foi por fim inaugurada, tendo passado por alterações significativas à medida que a construção avançava, até pelo menos 1966, quando o projeto seria detalhado em aspectos importantes, como a própria fachada em vidro do bloco superior.[119] Seja como for, do começo ao fim, o projeto manteve o conceito básico do prisma horizontal suspenso por uma imensa estrutura de concreto armado que o abraçava do exterior, liberando um vão de setenta metros no nível da avenida Paulista, sob o qual estruturava-se o bloco subterrâneo.

Ainda que muito distinta da adotada na pinacoteca do MAM no Rio, a solução construtiva do Masp guardaria afinidades com a anterior: a elevação do edifício do solo qualificando o espaço público sob o vão livre, a supressão de quaisquer apoios internos às galerias de exposição, a desmaterialização das fachadas pelo recurso aos panos de vidro, o recurso ao concreto armado exposto e ao acabamento bruto dos materiais – em toda parte, as escolhas técnicas afirmavam-se como elementos definidores do programa e da forma do edifício. Vale lembrar que o sistema de protensão utilizado pelo engenheiro José Carlos de Figueiredo Ferraz foi inovador para a época, passando a fazer parte inclusive de manuais e cursos de engenharia do concreto armado:[120] o pórtico em "U" que envolve a caixa de vidro é, na verdade, composto de duas vigas simplesmente apoiadas sobre os dois pilares laterais; a laje inferior sendo atirantada nas vigas inferiores, enquanto a cobertura é sustentada pelas vigas superiores.[121] Elemento emblemático da paisagem paulistana, o edifício foi tombado pelo Iphan em 2003, pelo Condephaat em 1982 e pelo Conpresp em 1991. Como de praxe em áreas altamente valorizadas da cidade, ele vem sofrendo o impacto de transformações em seu entorno, com o que, nas últimas décadas, a má gestão de suas instalações e acervo em muito contribuiu para sua desvalorização. Não obstante, apesar das controvérsias, uma atenção renovada ao projeto original vem sendo oferecida nos últimos anos pela comunidade especializada, pela opinião pública e pela própria instituição, permitindo a execução de obras cuidadosas de conservação e restauro do edifício, de seu conceito museográfico e museológico.

Mais do que o MAM do Rio de Janeiro, o Masp insere-se em um momento decisivo de virada na produção brasileira de arquitetura, especialmente polarizada pelo fôlego das realizações em São Paulo. Ela já vinha sendo anunciada desde o início da década de 1950 em obras, em vários sentidos excepcionais, como a assim chamada Casa de Vidro, de Lina Bo Bardi, e o Conjunto Nacional, de autoria de David Libeskind. A **Casa de Vidro**, tombada também nas três instâncias – municipal (1992), estadual (1987) e federal (2007) – e sede do Instituto Lina Bo e P. M.

Museu de Arte de São
Paulo, Lina Bo Bardi,
São Paulo, SP, 1957-66
Desenho em aquarela
da arquieta

Bardi desde 1990, foi projetada como residência da arquiteta e de Pietro Maria Bardi numa das cotas mais altas do recém-loteado Jardim Morumbi.

Os anos 1950 e 1951, quando a obra foi executada, foram dos mais intensos em sua carreira. No interior do Masp, Lina fundara e dirigia a revista *Habitat* ao lado de Bardi e criara o Instituto de Arte Contemporânea, onde lecionava elementos de arquitetura; com o marido e Giancarlo Palanti, conduzia também o Studio de Arte Palma; além de sua residência, projetou em 1951 uma série de edifícios, como o arranha-céu Taba Guaianazes para os Diários Associados, com projeto estrutural de Pier Luigi Nervi, além de outros dois projetos habitacionais também não construídos e o estudo para um "museu à beira do oceano", em São Vicente, publicado em *Habitat* no ano seguinte, o qual antecipou algumas das soluções adotadas no Masp. Portanto, além de um momento dos mais produtivos de sua carreira, marcado pela profissionalização em arquitetura e design, foi também um período de ampliação e difusão de referências. O caso do museu de São Vicente é emblemático dessa aliança entre projeto e crítica: claramente inspirado no Crown Hall do Instituto Tecnológico de Illinois, em Chicago, projeto de 1950 de Mies van der Rohe, denuncia o afastamento da arquiteta em relação ao cânone nacional.

A casa projetada por Lina, também de forte inclinação miesiana, não destoa simplesmente dos projetos residenciais que ela realizaria no final da década em Salvador e em São Paulo – a poucos metros dali, aliás –, bastante marcados pelo mergulho no universo cultural nordestino, popular e erudito.[122] O prisma transparente, que se eleva do solo sobre delgados pilares cilíndricos em metal, distingue-se nas fotografias do edifício à época de sua inauguração também pelo contraste com a paisagem agreste ao redor e a arquitetura residencial então praticada por seus colegas locais. Definindo-se pelos dois planos horizontais das lajes de piso e cobertura que marcam a fachada principal, no vazio das salas de estar e jantar e da biblioteca "nada impede a vista", "tudo é luz", "o fora está sempre dentro". Por todo lado, esquadrias corrediças de ferro e vidro, de piso a teto e sem parapeitos, ampliam as possibilidades de contato com o ambiente ao redor; em torno de um vazio central, um grande aquário dá visão ao jardim coberto que se desenvolve no nível do solo, como extensão do solo natural em aclive; dele, ascende-se ao interior por uma escada aparente estruturada em dois lances, que igualmente parece flutuar sobre a fina estrutura metálica que a sustenta. Transparência e levitação são os efeitos primeiros da *promenade* que conduz à casa propriamente dita e seriam retratados com cuidado nas primeiras séries de imagens da construção, com as perspectivas do imóvel em *contra-plongée*, as vistas externas através das esquadrias inteiramente abertas, a presença da própria arquiteta sob o patamar da escada de acesso, a observar a paisagem devassada do subúrbio. Mas eis que, ao adentrar as áreas íntimas e de serviços da residência, logo essa imagem se dissolve ante as impressões de clausura, contenção, rigidez e funcionalidade adotadas no bloco traseiro encravado no terreno e construído com materiais e linguagens vernaculares.[123]

Além de sua primeira obra construída, tal como a casa da Warchavchik na Vila Mariana, 25 anos antes, tratava-se também da primeira casa edificada no loteamento, elevando-se como polo de modernidade acima da topografia ondulada da região, antes uma fazenda de chá. É verdade que desde os anos 1940 o Morumbi era absorvido pela expansão imobiliária no vetor sudoeste da capital. O processo estava por certo ligado ao movimento demográfico paulistano. Entre 1940 e 1950, a população da cidade passara de pouco mais de 1,3 milhão para quase 2,2 milhões de habitantes, chegando na década seguinte a quase 3,8 milhões. Para além da imensa expansão suburbana que viabilizaria a criação de bairros de elite justamente em direção à avenida Faria Lima, à várzea do rio Pinheiros e aos altos do Morumbi, o período observou também grande crescimento vertical nos bairros mais centrais da cidade, como República, Bela Vista, Liberdade, Santa Cecília, Vila Buarque, Higienópolis, Consolação e, mais adiante, Jardim Paulista, Paraíso, Aclimação e outros. Processos paralelos, em grande parte catapultados pela reestruturação viária e fundiária da metrópole em formação, pela montagem de um capital de incorporação bastante influente nas transformações do código de obras e pela organização de fontes de crédito até então

Casa de vidro, Lina Bo Bardi, São Paulo, SP, 1950
Foto: Chico Albuquerque

incipientes, como os fundos previdenciários e as companhias de capitalização e seguros, o impacto que essas mudanças teriam na paisagem urbana e na vida cotidiana ainda hoje são visíveis em muitos desses bairros.

O **Conjunto Nacional**, projeto de David Libeskind, insere-se precisamente nessa tendência à verticalização e à transformação funcional de uma área até então predominantemente residencial e pouco densa a sudoeste do centro tradicional da cidade. Se desde os anos 1940 é possível perceber o aparecimento de uma série de edifícios residenciais ao longo da avenida Paulista, o início dos anos 1950 é marcado por uma gradual transformação tipológica dos empreendimentos com a introdução de grandes estruturas de uso misto, algumas das quais projetadas por arquitetos renomados do Rio de Janeiro, como

Conjunto Nacional,
David Libeskind,
São Paulo, SP, 1954
Fotocolagem: Eric Hess

o edifício Anchieta, de Marcelo e Milton Roberto, encomendado pelo Instituto de Aposentadoria e Pensões dos Industriários em 1941, e o Três Marias e o Nações Unidas, de Abelardo de Souza, projetados em 1952 para a Companhia Nacional de Investimentos, incorporadora local de propriedade de Otávio Frias e Roxo Loureiro, que também contratara os projetos de Oscar Niemeyer para os edifícios Montreal, Copan e Eiffel no centro expandido da cidade, em 1950, 1951 e 1953, respectivamente.

Formado em Minas Gerais e próximo a Sylvio de Vasconcellos, Libeskind teve naturalmente contato privilegiado com a arquitetura brasileira, a barroca e a moderna. Não por acaso, associou o projeto do Conjunto Nacional à matriz corbusiana. Mas é certo que sua transferência para São Paulo em 1953, logo após a graduação em arquitetura, e sua participação na rede profissional em torno do IAB paulista foram decisivas para sua adesão a algumas das coordenadas de trabalho em expansão no meio local: a ruptura com a visão do objeto arquitetônico como incidente isolado no espaço urbano, a busca de uma nova síntese entre forma, técnica e produção material e as novas estratégias de inserção no mercado de projetos, obras e incorporação imobiliária.

Concebido em 1954, quando o arquiteto tinha apenas 26 anos de idade, no interior de um concurso fechado organizado pelo magnata da hotelaria José Tjurs, o programa do edifício-conjunto aprofunda a tendência tipológica nesses empreendimentos, estabelecendo uma multiplicidade de usos extrarresidenciais, relações público-privado mais complexas, assim como escala e padrão condominiais novos. A lógica de volumes sobrepostos a uma plataforma ou um prisma horizontal então se difundia na arquitetura mundial, colocando aos arquitetos o desafio de repensar o edifício na escala urbana. Foi, aliás, o caso de edifícios paradigmáticos como o MES, no Rio de Janeiro; e mais diretamente, a sede das Nações Unidas, de Wallace Harrison e Max Abramovitz, a partir de esquemas originais de Oscar Niemeyer e Le Corbusier, de 1947; e o Lever House, de Gordon Bunshaft, de 1952 – estes dois em Nova York. Acima da lâmina horizontal do Conjunto Nacional, que recobre toda a projeção da quadra e define um terraço jardim elevado e uma grande marquise periférica que guarnece os acessos públicos ao centro comercial no pavimento térreo, pousam três volumes geometricamente distintos: uma lâmina vertical que atravessa o lote paralelamente à avenida Paulista, sem tocar na base, uma barra perpendicular à lâmina e uma cúpula geodésica semiesférica.[124] Incluindo hotel, apartamentos residenciais, escritórios, consultórios, lojas, cinema, teatro, espaço de convenções, restaurante, supermercado, garagem pública, bancos, agência de correios, lavanderia etc., o conjunto ainda ofereceria aos condôminos uma rede de serviços auxiliares, a cargo da Horsa Hotéis Reunidos S. A., como mensageiros, empregados domésticos, central telefônica, gerador de força e luz, central de gás etc.[125]

O catálogo de vendas enfatizava a ideia do grande centro comercial, quase um shopping, ainda que não tão distante do núcleo histórico da metrópole, como os que então começavam a aparecer nos Estados Unidos. Tratava-se evidentemente de uma tentativa de polarizar uma tendência à descentralização das funções urbanas em São Paulo e à superação das formas consolidadas de comércio varejista aberto às vias públicas, em lojas de departamentos ou em galerias comerciais, que já se expandiam ao longo da rua Augusta, ao lado. Ao ensaiar um esforço de inovação e polarização, a empresa assumiria os custos e os riscos dessa nova modalidade de investimento que se consolidava na cidade: a incorporação imobiliária, no caso envolvendo a aquisição do terreno, a demolição do palacete que ali existia, o projeto de arquitetura, a execução da obra contratada à construtora Warchavchik-Neumann, o financiamento da construção, a comercialização e até mesmo a administração do empreendimento. É eloquente que a incorporação imobiliária tenha se tornado cristalina na produção de um arranha-céu tão emblemático quanto o Conjunto Nacional. Afinal, em sua pretensão originária de projetar-se para além da cidade, para além do centro e para além dos programas estabelecidos, como "evento anárquico", o edifício-quadra teatralizava como uma espécie de enclave autossuficiente o equilíbrio instável entre a relativa independência da estrutura isolada corporativamente produzida e a articulação do capital coletivo que produz a cidade: "Uma ilha de especulação equilibrada".[126] Assim como os demais edifícios que ali começavam a ser construídos, simbolizava esse momento primitivo de afirmação da especulação imobiliária avançada nessa parte de São Paulo, que logo se notabilizaria como polo do capital financeiro de todo o país.

Assim como Lina Bo Bardi e David Libeskind, outro arquiteto cuja obra tendeu a se distanciar do cânone carioca foi Oswaldo Bratke. Com efeito, entre seus contemporâneos, Bratke foi talvez o que mais se afastou da matriz corbusiana, abraçando uma orientação de projeto mais próxima à de Walter Gropius, de Richard Neutra ou de Rino Levi. Defensor de procedimentos de racionalização da construção e mesmo da pré-fabricação, adepto da pesquisa de materiais e de soluções bioclimáticas, nele a expressão formal seria bastante marcada por uma visão do edifício enquanto objeto de um processo rigoroso de projeto, detalhamento e construção.[127]

Formado pela Escola de Engenharia do Mackenzie College em 1931, cedo o arquiteto se orientou para uma produção eminentemente privada, atuando com projeto e construção de habitação, edifícios de escritórios, hotéis, clubes, planos de urbanização e loteamento, em áreas centrais de São Paulo e em subúrbios residenciais, como Jardim América, Jardim Europa, Jardim Paulista, Pacaembu e Morumbi; assim como em outras cidades, como Campos do Jordão, Santos, Guarujá, Ubatuba; e fora do estado, por exemplo no Amapá.

O projeto de **Vila Serra do Navio**, de 1955, foi na verdade realizado em paralelo ao da Vila Amazonas, ambos encomendados pela Icomi – Indústria e Comércio de Minérios

– para dar suporte à exploração de uma jazida de manganês no Amapá. Também produzido a partir de um concurso fechado, o projeto de Bratke parece ter se destacado justamente pelo pragmatismo das soluções adotadas em uma situação de projeto das mais desfavoráveis em termos de acesso a materiais de construção e mão de obra capacitada. Envolvendo estudos cuidadosos dos processos produtivos do minério, dos modos de vida e moradia da população da região, dos recursos naturais e dos meios de construção disponíveis na região, do clima e da topografia, o arquiteto avançaria na investigação do programa à luz da situação concreta e dos meios efetivos de viabilização da obra: demografia e densidades pretendidas, tipologias habitacionais coerentes, serviços e usos coletivos, infraestruturas, mobiliário, assim como sistemas e detalhes construtivos e respectivas cadeias de produção.

Pensada para abrigar de 2.500 a 3 mil habitantes, a cidade deveria ser zoneada conforme a hierarquia profissional dos funcionários, assegurando à coletividade o acesso às funções comuns de administração, saúde, educação, lazer e comércio. Marcada pela baixa densidade, a arquitetura dos edifícios, todos térreos, seria resolvida pela disposição isolada de pavilhões em estruturas simples de alvenaria de blocos de concreto produzidos no canteiro, pilares, vigas e telhados de duas águas executados com madeiras da região e telhas de fibrocimento trazidas do Sul do país ou do exterior. A despeito dos materiais adotados, nem sempre recomendados para o clima equatorial, a ampla utilização de elementos de sombreamento e aeração, como beirais generosos, persianas móveis de madeira, cobogós de concreto e passarelas cobertas, proporcionaria uma diminuição razoável da temperatura interna das edificações. Além disso, ao lado das formas de implantação, do tratamento paisagístico, o estudo cromático desenvolvido pelo pintor Francisco Rebolo contribuiria para conferir certa variedade ao conjunto.[128]

Não por acaso, apesar dos efeitos ambientais desastrosos da ação da Icomi na região, como a contaminação de terreno, lençóis freáticos, igarapés e águas subterrâneas por ferro, arsênio e manganês, e das intervenções inadequadas realizadas no projeto original ao longo das últimas décadas, o processo

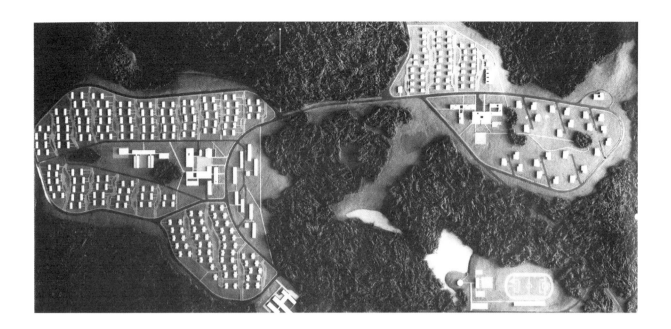

Vila Serra do Navio, Oswaldo Bratke, Serra do Navio, AP, 1955. Foto da maquete: Boer

de tombamento pelo Iphan em 2010 destacou o diálogo no projeto entre a implantação do ambicioso programa modernista de arquitetura e urbanismo e as soluções construtivas locais, o clima, a vegetação e a cultura do lugar. Para além do valor artístico, paisagístico e cultural da obra, sua inscrição também no Livro de Tombo Histórico observou a importância da experiência para o entendimento da história nacional.

Exemplar *sui generis* de um momento de ocupação da Amazônia bastante impulsionado pelas políticas do nacional--desenvolvimentismo, é sintomático que o projeto e a obra da vila tenham sido desenvolvidos ao longo do governo Juscelino Kubitschek, coincidindo com o período que vai do concurso à inauguração de Brasília. Meta síntese do Plano de Metas do governo JK, a construção da nova capital é emblemática das projeções utópicas, senão proféticas, da ideologia desenvolvimentista que então presidia a integração do território e da economia nacionais no ciclo de acumulação que então se expandia rumo ao chamado "terceiro mundo". O fato é que a 31ª e última meta do plano de governo constituía o arremate simbólico da transformação em curso na geografia econômica, nas relações inter-regionais e nos padrões de produção e consumo no país com forte participação do capital estrangeiro e do Estado na economia. Pontificando um conjunto gigantesco de ações voltadas à produção energética, ao desenvolvimento da mineração e das industrias de base, naval, de aço, ferro, cimento, alumínio, papel, borracha, veículos, maquinário e eletroeletrônicos, à modernização da produção agrícola, ao desenvolvimento do transporte em geral e da malha rodoviária em particular, à expansão da rede de educação pública, Brasília constituía, nas palavras de Mário Pedrosa, um implante maciço de civilização em um território semideserto. Literal e metaforicamente.

> Esse caráter obscuro e híbrido de Brasília se refletiu na vaguidão, por assim dizer, filosófica dos partidos e também na indistinção programática dos planos pilotos apresentados. (...) A sabedoria de Lúcio Costa consistiu em aceitar a incongruência inerente ao programa e, evitando toda solução de meio-termo, ou eclética, decidir resolutamente pelo lado inexorável, dadas as condições objetivas imediatas: o reconhecimento pleno de que a solução possível ainda era na base da experiência colonial, quer dizer, uma tomada de posse à moda cabralina, chanfrando na terra o signo da cruz, ou, numa evocação mais "moderna" e otimista, fazendo pousar docemente sobre sua superfície a forma de um avião. Confiando, entretanto, em quê? Numa esperança. Na esperança de que a vitalidade mesma do país lá longe, na periferia, queime as etapas e venha de encontro à capital-oásis, plantada em meio ao Planalto Central, e a fecunde por dentro.[129]

É verdade que, à época, o propósito de transferência da capital do litoral para o interior já tinha mais de um século. Mas é emblemático que tenha se realizado precisamente nesse contexto de modernização urbano--industrial, aprofundamento da ideologia do plano de integração mundial do país, inclusive no campo da alta cultura. A aventura moderna da obra de arte total parecia encontrar no plano piloto de Lúcio Costa não somente a vocação de síntese das artes, mas a de monumento a um espaço cívico futuro. Eis que, na marcha das coisas, a aposta emancipatória se revelou simplista e autoritária, logo fazendo com que a cidade passasse de vitrine a vidraça, de pioneira a retardatária, de promessa a frustração:

Não apenas o golpe militar de 1964 viria a cancelar e reverter o impulso democrático que a embasava, mas também as grandes revisões teóricas internacionais dos pressupostos do urbanismo moderno logo veriam em Brasília a prova em negativo daquilo que queriam demonstrar.[130]

A aliança estreita entre Estado e arquitetura moderna e a colaboração entre Lúcio Costa e Oscar Niemeyer a reiterar um projeto formativo que deitava raízes nos anos 1930 já pareciam trazer em germe, contudo, muitas das contradições que seriam apontadas. Uma delas era a contradição entre as formas inovadoras da arquitetura em concreto armado e as precárias condições dos canteiros de obras. Não por acaso, mesmo antes do enorme desalento produzido pelo golpe civil-militar de 1964, o plano adotado enfrentaria, já no concurso, valorosa concorrência e, logo depois, severas resistências de figuras tão ilustres quanto Lina Bo Bardi, Geraldo Ferraz, Gilberto Freyre, Milton Santos, Giulio Carlo Argan, Françoise Choay, Reyner Banham e várias outras. De fato, organizado em 1956, o Concurso Nacional do Plano Piloto da Nova Capital do Brasil motivou a inscrição de 62 equipes, das quais 26 apresentaram propostas, entre elas as lideradas por nomes expressivos da arquitetura e do

Setor residencial Sul, urbanismo de Lúcio Costa, Brasília, DF, 1960 | Vista aérea
Foto: Peter Scheier

urbanismo brasileiros de distintas gerações, como Vilanova Artigas, Carlos Cascaldi, Paulo de Camargo Almeida, Rino Levi, Roberto Cerqueira César, Luís Roberto Carvalho Franco, Henrique Mindlin, Giancarlo Palanti, os irmãos Roberto, Jorge Wilheim, Joaquim Guedes, Carlos Millan, Pedro Paulo de Melo Saraiva, entre outros.[131]

A nova capital deveria abrigar 500 mil habitantes e localizar-se nos arredores do lago artificial Paranoá. Para sua implantação, foram disponibilizados os principais estudos geológicos, geotécnicos, topográficos e de drenagem do sítio. As propostas deveriam abranger "o traçado básico da cidade, indicando a disposição dos principais elementos da estrutura urbana, a localização e a interligação dos diversos setores, centros, instalações e serviços, distribuição dos espaços livres e vias de comunicação".[132] Tendo sido assegurada grande liberdade de apresentação, o conjunto de propostas variou enormemente, mas o projeto vencedor distinguiu-se por sua concisão. Com efeito, o plano piloto para Brasília de Lúcio Costa, dividido em 23 pontos, foi inteiramente apresentado em dezessete folhas datilografadas, sete contendo quinze croquis feitos à mão e um mapa geral com o plano urbanístico da cidade. Recebida como eloquente peça literária pelo próprio júri do concurso, que destacou o fato de suas características poderem ser prontamente apreendidas pelo esquema espacial proposto, "disciplinado sem ser rígido", a sumária apresentação do partido conceitual e de suas quatro escalas – a monumental, a residencial, a gregária e a bucólica – não lhe retirava, segundo o autor, o valor de síntese de uma configuração urbanística precisa, de cunho "desbravador", inclusive em sua capacidade de unificar *urbs* e *civitas*, inevitável em um projeto de cidade-capital: "Cidade planejada para o trabalho ordenado e eficiente, mas ao mesmo tempo cidade viva e aprazível, própria ao devaneio e à especulação intelectual, capaz de tornar-se, com o tempo, um foco de cultura dos mais lúcidos e sensíveis do país".[133] Estruturada pelo cruzamento de dois eixos, o primeiro arqueado, estendido em sentido Sul-Norte, absorveria a função de tronco circulatório ao longo do qual se desenvolveria o grosso do cotidiano, e a sucessão de superquadras habitacionais com seu extenso programa de usos coletivos; o segundo, o eixo Monumental, acompanhando o declive estruturado na direção Leste-Oeste, receberia os setores administrativos, cívicos e políticos, assim como as funções centrais de cultura, lazer, comércio, negócios e transporte.[134] No cruzamento entre eles, a estação rodoviária, projetada pelo próprio Lúcio Costa, organizando ao mesmo tempo, topologicamente, a transição das malhas de transporte intra e interurbana e dos usos mundanos à zona simbólica de representação do poder central.

As obras de construção da cidade foram fartamente documentadas em fotografias e filmes. Das primeiras visitas e de levantamentos técnicos a terraplenos e abertura de vias, dos canteiros aos escritórios de engenheiros e arquitetos, do dia a dia dos operários a recepções e reuniões técnicas e políticas em torno dos trabalhos em andamento, das maquetes das edificações à montagem de andaimes, formas e armaduras, da evolução das obras à consolidação de uma nova paisagem urbana, da inauguração da capital e das edificações ao longo dos anos à ocupação pelos primeiros habitantes, talvez nenhuma cidade do mundo, planejada ou não, tenha sido tão cuidadosamente observada em seu processo de produção. O registro visual e a difusão das imagens do plano piloto e das cidades-satélites, das áreas cívicas e dos palácios, das quadras, das superquadras e das entrequadras, das favelas e dos assentamentos precários, do sistema viário, dos parques, das esplanadas, da universidade, das escolas, zonas comerciais etc., tudo parece ter efetivamente se tornado parte de uma estratégia complementar à construção física, uma gigantesca operação midiática, para usar uma expressão de Stanislaus von Moos a respeito de Brasília.[135]

O **Palácio do Itamaraty**, projetado entre 1959 e 1960 e inaugurado apenas em 1970, foi uma das obras mais fotografadas e publicados de Brasília. Ainda em construção, em seu processo de acabamento, das obras de arte integradas à arquitetura do edifício já concluído, como as fotografias realizadas por Marcel Gautherot, João Gabriel Gondim de Lima e Luís Humberto Pereira. O edifício insere-se precisamente na extensa faixa leste que se desenvolve da estação rodoviária à praça dos Três Poderes, para a qual – assim como adiante também na faixa oeste – a atuação de Oscar Niemeyer, responsável pela Diretoria de Urbanismo e Arquitetura, foi absolutamente decisiva. É verdade que frente às dificuldades de Lúcio Costa em ausentar-se do Rio de Janeiro, decisões e intervenções importantes também no eixo Rodoviário foram assumidas por Niemeyer. Mas os projetos realizados ao longo do eixo Monumental marcaram indelevelmente a nova estrutura urbana – e não menos sua imagem e seu significado. Preservando como proposto no plano piloto uma larga faixa não edificada no centro, ao fundo da qual destacava-se o edifício emblemático do Congresso Nacional, a perspectiva barroca que se descortina desde a plataforma rodoviária seria marcada pelas típicas geometrias contrastantes niemeyerianas, então aplicadas não apenas nos edifícios e em suas relações recíprocas, mas na própria escala urbana.[136] Assim, entre o eixo Rodoviário, marcado pela ortogonalidade dos volumes e dos traçados dos setores monofuncionais e das superquadras, e os paralelepípedos ascéticos de nove pavimentos dos ministérios, emerge uma primeira série de edifícios excepcionais, com linhas irregulares, curvas como na Catedral, na margem sul, ou angulosas como no Teatro Nacional, na margem norte do eixo Monumental. Entre a sequência monótona dos ministérios, espécie de propileu marcando a entrada no domínio urbano dedicado ao político e ao simbólico, e a forte carga monumental da praça dos Três Poderes, seriam inseridos o Ministério das Relações Exteriores, de um lado, e o Ministério da Justiça, do outro. Diferentemente dos demais, eles não foram executados em estrutura metálica pré-fabricada e, em contraste com o Congresso, o Palácio do Planalto e o Supremo Tribunal Federal, não tiveram suas estruturas de concreto, cuidadosamente calculadas por Joaquim Cardozo, revestidas de tinta nem de mármore branco. Levaram toda a década de 1960 para ser finalizados em concreto aparente.

Localizados a cerca de trezentos metros do Congresso, o Palácio do Itamaraty e o Palácio da Justiça, à frente, de fato estabelecem uma ruptura com as lâminas ministeriais enfileiradas dos dois lados do eixo Monumental e jogam um papel importante no dispositivo cenográfico ao introduzir a natureza na problemática arquitetônica. Recurso adotado por Niemeyer desde a Pampulha, a simbiose entre a construção e o paisagismo de Roberto Burle Marx é ali levada

Palácio do Itamaraty e Congresso Nacional, Oscar Niemeyer, paisagismo de Roberto Burle Marx, Brasília, DF, 1959-60
Foto: Marcel Gautherot

ao extremo, com as edificações brotando de imensos espelhos d'água ajardinados com uma vegetação exuberante e diversa.[137] Pensado como os demais palácios da capital a partir da articulação de dois elementos básicos – a superestrutura que se projeta para além do volume interno transparente em seu interior –, o Itamaraty é estruturado em dois sistemas independentes: a arcada propriamente dita e a sequência de pilares que sustenta a caixa de vidro do Ministério, não mais elevada do solo. Esses dois sistemas estruturais são formalmente interligados pela superfície aquática em que mergulham. Se no Palácio da Justiça, o maneirismo da *loggia* é acentuado pelo jogo de cascatas que despencam sobre o espelho d'água qual imensas gárgulas de concreto, no Itamaraty o desenho dos arcos plenos recuados em relação ao perímetro da cobertura, com marcas da execução diligentemente registradas na superfície, produz uma espécie abstrata de imposta e viabiliza uma leitura mais inteiriça da obra a partir do contraponto entre o diáfano e o telúrico, o acabamento preciso do bloco reluzindo sob o terraço-jardim da cobertura vazada e o elemento tradicional, rústico, da *loggia* ou do alpendre que o envolve – como já se observou.

> A superestrutura da arcada define a força imagética do palácio e, ao mesmo tempo, mantém a referência da velha sede, sem retomar sua linguagem neoclássica legítima. O controle da estrutura se faz pela modulação dos vãos da arcada, que possui uma modulação de seis metros e que balizará a organização dos espaços internos, as divisões e o arranjo das plantas, pelos seus múltiplos (12 metros, 18 metros, 36 metros, 54 metros) e submúltiplos (0,6 metro, 1,2 metro, 1,5 metro, 1,8 metro).[138]

Afora o bloco administrativo em anexo, o Itamaraty foi concebido em dois pavimentos além da varanda ajardinada na cobertura, seu salão nobre, todos tratados com plantas livres, "organizadas por planos opacos e planos transparentes, cujo jogo plástico define espaços sociais, espaços de transição e espaços de estar, para atender às necessidades" diplomáticas e cerimoniais, "de pequenas recepções ou grandes festas". Agenciados de modo a valorizar a integração das artes e do paisagismo, bem como do acervo artístico e de móveis à arquitetura, o projeto "prioriza o vazio como fator organizador do poder ali representado".[139]

Até 2007, quando um conjunto expressivo de obras de autoria de Oscar Niemeyer no Brasil teve seu tombamento aprovado pelo Iphan, o Itamaraty não havia sido objeto de processo específico. De qualquer modo, assim como em grande parte da capital e em seus edifícios públicos de maior peso simbólico, a preservação de sua integridade, assegurada inclusive pela estratégia dos anexos, constituiu-se a partir de sua implantação em uma política patrimonial e urbana de grande eficiência. Reconhecido como Patrimônio Cultural da Humanidade pela Unesco em 1987 e tombado nacionalmente em 1992, o conjunto urbanístico de Brasília não apenas constitui um marco singular da preservação do patrimônio urbanístico moderno, como incluiu a preservação do Palácio do Itamaraty na esfera de alcance da praça dos Três Poderes e do eixo Monumental enquanto elemento representativo da cidade capital.

A verdade é que, enquanto Brasília era construída, já se processavam no campo arquitetônico transformações significativas. Ao lado da legitimidade que o concurso concedera aos arquitetos para atuar com desenvoltura nas esferas do planejamento urbano e das grandes obras públicas, até então incontestavelmente dominadas pelos engenheiros, o processo desnudara dissonâncias latentes. Um de seus primeiros porta-vozes foi o crítico de arte e arquitetura Geraldo Ferraz, que no número 25 da revista *Habitat*, em dezembro de 1955, às vésperas da posse do novo presidente eleito Juscelino Kubitschek, publicou "uma meditação de fim de ano" acerca da questão nacional, politicamente alinhada. A motivação era precisamente o "crescimento marginal da população brasileira", com o aprofundamento da crise habitacional, do problema dos transportes, da falta de escolas e hospitais, da precariedade do saneamento básico.[140] Eis que o novo governo tomara posse, e "logo nos vimos envolvidos com a campanha de Brasília". Um ano depois, o editorial de outubro de 1956 da revista incidiria contra o próprio edital do concurso nacional para o plano piloto, lançado no mês anterior. Se não era mais o caso de discutir a política de transferência da capital, suas implicações arquitetônicas e urbanísticas impunham-se ao debate. Em primeiro lugar, *Habitat*, então dirigida por Ferraz, indagava as razões da separação entre o "traçado básico da cidade" e o "planejamento de edifícios". Mais do que isso, acusava o fato de o edital ter deixado enormes brechas para a interferência direta da Companhia Urbanizadora no desenvolvimento da proposta selecionada.[141] Pouco depois, Geraldo Ferraz apontaria as incongruências do processo: construções eram encaminhadas na cidade antes mesmo da apresentação das propostas urbanísticas ao júri; o diretor do Departamento de Arquitetura e Urbanismo da Companhia Urbanizadora da Nova Capital, Oscar Niemeyer, projetava para a cidade uma série de edifícios públicos; e, além de ferir uma cláusula do edital, que supunha a anterioridade do plano em relação às construções, os projetos haviam sido desenvolvidos antes mesmo de lançado o concurso.[142] A manipulação parecia-lhe óbvia. O próprio edital, redigido no Instituto de Arquitetos do Brasil, no Rio de Janeiro, havia sido deturpado em sua publicação, e o protesto de seus diretores teria sido amortecido pela eleição de uma nova diretoria aliada de Niemeyer. Por fim, se era até compreensível que o arquiteto se isentasse do concurso, era inadmissível que outro profissional, seu "admirador incondicional", Lúcio Costa, inscrito no concurso do plano piloto, tivesse acesso privilegiado aos projetos. Mais grave ainda, que o próprio Niemeyer predominasse na composição do júri. Nada a estranhar que Affonso Eduardo Reidy não tenha se inscrito no concurso por discordar de sua organização.[143]

A animosidade do crítico é proporcional às dissidências que emergiam no campo da reflexão e da produção. Particularmente em São Paulo, onde desde a primeira metade da década de 1950, como já foi observado, uma série de pronunciamentos críticos à hegemonia de Niemeyer no campo conquistavam espaço nos meios profissionais e leigos. Ao final da década, a denúncia dos compromissos da utopia modernista com a modernização do capital, no influxo do desenvolvimentismo, do populismo e do anti-imperialismo no país, parecia desautorizar as plataformas de ruptura até então dominantes. É possível que no imediato pós-guerra, como percebeu Lourival Gomes Machado, fosse ainda difícil apanhar o aparecimento de uma vertente arquitetônica paulista com o mesmo poder de gravitação daquele que se formara no Rio de Janeiro depois da obra do Ministério da Educação e Saúde. Talvez porque a produção moderna local fosse ainda muito limitada e excessivamente fragmentária naquele momento. Talvez porque em São Paulo, como Luís Saia notaria uma década depois, as novas mediações econômicas e sociais da arquitetura ali se impunham de modo mais vigoroso e complexo que em qualquer outra parte do Brasil.[144] O fato é que um cenário novo despontava, principalmente a partir de 1959, com a implementação do ambicioso Programa de Ação durante do governo de Carvalho Pinto no estado de São Paulo. Em seu interior, um conjunto expressivo de arquitetos locais operaria para difundir suas ideias e proposições em meio ao desenvolvimento dos meios de produção e de novos parâmetros locais de formação, engajamento profissional e consagração.[145]

Em São Paulo, é visível, por exemplo, a expansão de uma prática antiga, ainda que excepcional no Brasil: a dos concursos de arquitetura, públicos e privados e, com eles, o aparecimento de novas coordenadas de projeto. Se o crescimento ali dos concursos de projeto é compreensível pelo ritmo explosivo do desenvolvimento econômico e do mercado de construções no estado, não deixa de ser revelador o impacto dessas iniciativas no adensamento de posições e na afirmação de novos paradigmas e lideranças.[146] A análise dos editais, das propostas e dos resultados torna ainda mais clara a passagem, entre 1957 e 1963, de posições de continuidade, mesmo que em vias de dispersão, à gradual afirmação de novos conceitos e estratégias, crescentemente unificados. Um deles, por exemplo, foi o concurso para o ginásio esportivo do Clube Atlético Paulistano, em 1958, cujo primeiro prêmio foi atribuído ao projeto de Paulo Mendes da Rocha e João Eduardo de Gennaro, ambos formados pelo Mackenzie College em 1954; o segundo lugar ficou para a proposta de Pedro Paulo de Melo Saraiva e Julio Neves, então com apenas 25 e 26 anos. Neles, assim como em outros projetos destacados no certame, é evidente a adoção de grandes coberturas e estruturas espaciais, como cascas, coberturas plissadas, tirantes metálicos, elementos pré-fabricados, abandonando o trinômio coluna-viga-laje e investindo no desenho estrutural como vetor preponderante da expressão arquitetônica e da organização do programa. O grande prêmio ademais recebido pelo projeto vencedor do concurso na VI Bienal Internacional de Arte de São Paulo, em 1961, é emblemático do prestígio que essas novas atitudes adquiriam naqueles anos.

Em meio a essas modificações no campo e à completa ressignificação dos conteúdos de vanguarda no país, cada vez mais orientada no sentido da afirmação do desenho como horizonte de transformação da sociedade, também o papel intelectual dos arquitetos mudaria. Na fase de planificação que, segundo Flávio Motta, inaugurava-se na década de 1960,[147] tratava-se de enfrentar o processo de modernização nacional como um todo, fosse no que dizia respeito à organização do território e ao aproveitamento racional dos recursos materiais e naturais existentes, fosse no estabelecimento de uma equação mais favorável entre o poder público, os interesses privados da burguesia industrial em ascensão e as necessidades populares no país. Nesse sentido, na luta contra o subdesenvolvimento, caberia aos arquitetos "imprimir às formas construtivas as características culturais nacionais". Preocupado com a renovação dos padrões de formação dos arquitetos no Brasil, João Batista Vilanova Artigas insistiria na necessidade de superação da busca estética por uma linguagem própria, até então predominante, em prol de um novo compromisso ético-político da arquitetura com o desenvolvimento nacional, de todo coerente com a agenda ideológica contemporânea do Partido Comunista do Brasil, do qual ele era membro militante.

> A síntese entre a técnica e a expressão se realiza na consideração dos problemas humanos. E para nós, na América Latina, o humano tem presença constante, inevitável. Na medida em que o arquiteto se forma, presenciando e avaliando as duras condições de atraso que ainda impossibilitam nosso progresso, maneja o estalão de referência para condicionar as formulações técnicas e estéticas à solução de um problema humano. Para nós, no Brasil e na América Latina, o humano é o nacional, a independência econômica, a luta contra o subdesenvolvimento, muito atraso e muita miséria.[148]

De fato, desde a segunda metade da década de 1950, São Paulo despontara na geografia brasileira da arquitetura moderna com uma produção projetual que claramente contrastava com a tradicional leveza carioca. Ruth Verde Zein e Maria Alice Junqueira Bastos assim resumiram suas características básicas: o predomínio das soluções em bloco único, no interior do qual eram abrigadas todas as funções do programa; a preferência pelas plantas completamente livres, com espaços internos não compartimentados e interconectados, e a valorização plástica ou funcional dos espaços de circulação; o emprego frequente de vazios verticais internos e jogos de níveis e meios níveis; o uso de coberturas homogêneas em grelha uni ou bidirecional e a preferência pela iluminação zenital; a predominância dos cheios sobre os vazios nos paramentos, com poucas aberturas ou aberturas protegidas pela extensão de lajes em balanço; o emprego quase exclusivo de estruturas de concreto armado ou protendido quase sempre executadas *in loco*: lajes nervuradas, pórticos rígidos ou articulados, pilares com desenhos trabalhados conforme as forças estáticas em exercício, amplos balanços e vãos livres, fechamentos e divisórias em concreto ou em alvenaria de tijolos ou blocos de concreto deixados aparentes; o recurso onipresente da textura dos materiais e a explicitação dos sistemas técnicos adotados, valorizando a rugosidade e a eficiência obtidas por sua manufatura e sua instalação, sendo comum a ausência de cor ou seu emprego pontual.[149]

Radicalizando as releituras contemporâneas do brutalismo de Le Corbusier por meio de uma agenda ao mesmo tempo teórica e ético-política de superação do subdesenvolvimento em tempos de Guerra Fria, Artigas emergia desde meados da década de 1950 como liderança nacional dessa nova tendência projetual. Não por acaso, praticamente todas essas características podem ser reconhecidas no projeto da **Faculdade de Arquitetura e Urbanismo da Universidade de São Paulo**, de 1961, de autoria de Artigas em parceria com Carlos Cascaldi, assim como em muitas de suas obras posteriores a 1956, como a casa Baeta, a segunda casa Mario Taques Bittencourt, o ginásio de Itanhaém, a garagem de barcos do Santa Paula Iate Clube, os vestiários do São Paulo Futebol Clube, os ginásios de Guarulhos e Utinga, a casa Ivo Viterito, entre outras. As objeções lançadas à arquitetura moderna brasileira pela crítica internacional desde o início da década, a crise do PCB diante das restrições de Kruschev às políticas de Stalin, inclusive no plano artístico, e o descrédito da utopia civilizatória de Brasília pouco depois de sua inauguração parecem ter repercutido na vasta crise do paradigma até então hegemônico e na ascensão de uma nova aposta operativa, compatível com o progresso esperado e o atendimento das necessidades coletivas.

Desde então, indiscutivelmente, Artigas tornara-se chefe de fila dessa arquitetura moderna de São Paulo em gestação, responsável talvez pela melhor produção brasileira no decênio seguinte. De fato, os anos 1960 confirmariam o vigor de sua linha de projeto. Em toda parte, as mesmas estruturas honestas e bem pensadas, redimensionadas pela variedade de soluções estáticas produtoras de expressão estética renovada; novas organizações espaciais de programa com a disposição segura de muros, equipamentos e mobiliário; as variadas e vertiginosas paisagens interiores, com praças, ruas, vales, platôs e precipícios, combinados em planos articulados por desníveis, rampas, plataformas, ocos e maciços dispostos sobre uma mesma grande cobertura. Não há dúvidas de que a nova sede da Faculdade de Arquitetura e Urbanismo na cidade universitária seja sua obra-prima. Arrematando o processo de afirmação de um perfil novo de arquiteto, que se consolidaria com a reforma pedagógica de 1962, as escolhas projetuais ali adotadas também assinalam a cristalização de uma atitude coletiva que logo se afirmou em todo o país como representativa de uma escola paulista de arquitetura.[150]

Tendo atravessado seus primeiros quinze anos de existência, a FAU-USP colocava-se, então, em posição avançada na redefinição dos horizontes de formação e prática profissional no país. Ao menos é isso o que os locais parecem ter vislumbrado no fórum de debates realizado em novembro de 1963 para discutir o projeto pedagógico revisado no ano anterior:

> O papel da FAU não mais será o de informar técnicos, mas o de formar quadros que lutarão pelos desenvolvimento das potencialidades nacionais, em termos técnicos e em termos humanos. Esta faculdade estará integrada na luta histórica do Brasil contra o subdesenvolvimento, e os homens aqui formados serão individual e coletivamente aptos a enfrentar produtivamente os problemas do país. (...) Terá o arquiteto que defender o clima de liberdade para as suas atividades para que possam ser expressão legítima e independente da arquitetura nacional, interpretada esta nas suas raízes históricas e populares e defendida contra toda a sorte de distorções a que pode estar sujeita no mundo de hoje.[151]

Apesar dos artifícios técnicos substitutivos, ou de certo "economismo gerador de espaços ultradensos raramente justificados por imposições objetivas", tal como apontado por Sérgio Ferro a respeito do brutalismo paulista em geral,[152] o projeto da FAU-USP é certamente o mais representativo da escola. Não apenas em função do programa pedagógico *stricto sensu* nem simplesmente por abrigar em seu corpo docente a nata profissional mais identificada com a produção dita paulista, mas por condensar em seu projeto arquitetônico um conjunto emblemático de escolhas e compromissos.

Não tendo explicitamente se baseado em nenhum paradigma de projeto de escola de arquitetura, há por certo ressonâncias de alguns deles. O mais notável, porém, é o modo como articula uma série de elementos trabalhados em projetos anteriores, dele e de outros, com as questões emergentes no âmbito do debate pedagógico no interior da FAU: o papel do ateliê, a divisão e a integração entre departamentos e disciplinas, a relação entre ensino teórico e ensino prático, o lugar dos laboratórios técnicos e do museu etc.

Há que se considerar, por outro lado, as injunções colocadas pelos próprios planos para a cidade universitária da USP, como o pressuposto de isolamento entre as unidades e a setorização por áreas de conhecimento, que no caso do chamado "setor das humanas" conduzira à adoção de um partido linear, horizontal, capaz de assegurar a comunicação entre as unidades em detrimento de sua autonomia. Se essa orientação foi partilhada pelas propostas para os departamentos de história e geografia, de filosofia e ciências sociais e de letras da Faculdade de Filosofia, Letras e Ciências Humanas, assim como para o Instituto de Geologia e o Instituto de Matemática, assinadas

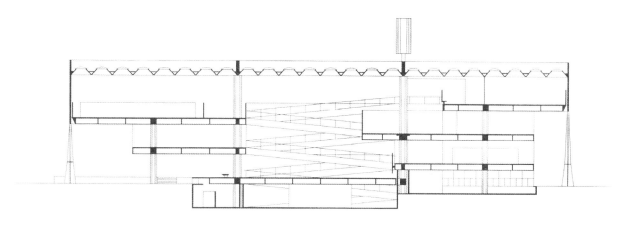

Faculdade de Urbanismo e Arquitetura – FAUUSP, Vilanova Artigas e Carlos Cascaldi, São Paulo, SP, 1961
Corte lateral

respectivamente por Eduardo Corona, Paulo Mendes da Rocha, Carlos Millan, Pedro Paulo de Melo Saraiva e Joaquim Guedes – todos professores da FAU –,[153] o edifício de Artigas e Cascaldi, dos únicos a serem executados, foi certamente o que melhor condensou o conjunto de princípios que norteou os demais: a adoção do volume único e da grande cobertura em grelha iluminada zenitalmente, a disposição clara do programa ao longo dos seminíveis longitudinais em paralelo ao imenso vazio central, a liberdade na planta e na altimetria, as relações entre o interior do edifício e seu entorno, ora inteiramente franqueadas, ora disciplinadas por meio de dispositivos variados de mediação, como o trabalho de níveis, vazamentos e fechamentos, plataformas e sacadas em balanço, a ênfase nos espaços de encontro e na *promenade* arquitetônica, com destaque para a solução paradigmática das amplas rampas suspensas, e a solução estrutural como elemento plástico determinante, com o desenho cuidadoso de pilares, empenas, fechamentos e divisórias em concreto armado aparente.

Concebido como sistema equilibrado de antagonismos entre o externo e o interno, o moderno e o rústico, suportes e cargas, com seu programa e sua estrutura claramente enunciados em corte, o projeto se notabilizou também por ultrapassar sua dimensão estético-construtiva. A reunião em torno de Artigas de uma geração mais jovem de professores, como Carlos Millan, Jon Maitrejean, Julio Katinsky, Sérgio Ferro, Gian Carlo Gasperini, Paulo Mendes da Rocha, Rodrigo Lefèvre, Eduardo de Almeida, Abrahão Sanovicz, João Walter Toscano, Pedro Paulo de Melo Saraiva, Décio Tozzi, Marcelo Fragelli, entre outros, na verdade respondia a uma concepção de arquitetura segundo a qual a continuidade entre objetos e escalas de competência do arquiteto era fornecida pelo enfrentamento permanente das relações entre raciocínio de projeto e lógicas de produção: de bens e utensílios cotidianos ao espaço habitado, das edificações e seus componentes às infraestruturas da cidade e do território. Tratava--se de oferecer uma resposta coerente à necessidade de revisão do campo da arquitetura como espaço intelectual de convergência das artes, das humanidades e das técnicas em um momento de aprofundamento do projeto urbano-industrial no

Brasil. Público por vocação, o edifício parecia reiterar, assim, determinada inscrição social enquanto espaço de formação não apenas profissional, mas cultural e política.

Em 1964, com o golpe militar, as obras foram paralisadas e o próprio Artigas foi preso, tendo que exilar-se no Uruguai. Foi preciso esperar até 1969 para sua inauguração e a transferência das atividades didáticas da antiga sede à Vila Penteado, em Higienópolis, para a cidade universitária. À época, Artigas, que havia retornado à atividade docente em 1967, fora cassado pelo AI-5, juntamente com outros professores da USP, como Paulo Mendes da Rocha e Jon Maitrejean. É verdade que entre 1969 e meados dos anos 1970, período de maior endurecimento do governo militar no país, a escola perdeu muito de sua atualidade no campo do ensino e da reflexão, da experimentação e da prática em arquitetura, ainda que tenha se tornado, principalmente entre os estudantes, um foco privilegiado de combate cultural e político na cidade. Os traumas resultantes da perseguição política a alunos e professores e a resistência que se disseminara à atividade de projeto vista como conformista face ao mercado, somados à fragmentação disciplinar e à própria complexificação do universo teórico e prático de ação do arquiteto, levaram a escola a relativo isolamento no período, ao menos no âmbito da disciplina.

Seja como for, por suas qualidades artísticas ou por suas contribuições ao desenvolvimento tecnológico e ao ensino de arquitetura, o edifício tornou-se objeto de distintas manifestações de reconhecimento. Recebeu a medalha de ouro da X Bienal de Artes de São Paulo, em 1969, o prêmio Jean Tschumi em 1972 e o prêmio Auguste Perret em 1985, ambos concedidos pela União Internacional dos Arquitetos. Em 1982, foi tombado pelos órgãos municipal e estadual de patrimônio cultural de São Paulo, encontrando-se em processo de avaliação por parte do Iphan.

Fato é que o esforço de síntese ali empreendido foi talvez dos últimos que se arvoraram representatividade nacional. Tudo se passa como se, desde então, a própria ideia de arquitetura brasileira tenha perdido sua razão de ser ou como se, entre os novos conteúdos do visível e do invisível, ela tenha nas décadas seguintes assumido ora a roupagem de continuidade com o moderno, ora figurações renovadas do regional, ora versões eminentemente cenográficas das tendências pós-modernas à disposição.

E ainda assim, nesse horizonte, fica a questão de saber se faz algum sentido falarmos em uma arquitetura brasileira contemporânea. Ou antes, até que ponto é possível vislumbrar algum acordo entre a produção arquitetônica das últimas décadas e eventuais representações nacionais, novas ou velhas. Pois se na década de 1920, o tema se impusera como efeito da agenda ultranacionalista da raça, do meio e do passado colonial; e na década de 1930, em contexto de rotinização do modernismo e modernização conservadora, ele se redimensionara no embate com as vanguardas arquitetônicas, a ideia de uma arquitetura brasileira parecia algo implícita.

É verdade que o registro romântico na qual ela fôra gestada mudaria significativamente ao longo das décadas. O "desrecalque localista", para usar uma expressão de Antonio Candido, efetivamente proveria os arquitetos brasileiros de posições a um tempo menos reativas e menos deslumbradas ante os influxos externos. Tanto em termos estéticos quanto ideológicos. Apoiando-se na reabilitação das culturas populares e mestiças até então abafadas pelo racismo em vigor, na releitura moderna da *hybris* tropical, sensual e barroca e na reivindicação de uma singularidade civilizatória - ideias patrocinadas por interlocutores da importância de Mário de Andrade e Gilberto Freyre - os arquitetos modernos brasileiros viriam a formular uma resposta vigorosa às circunstâncias e dilemas locais. E eis que um certo projeto construtivo viria a se afirmar como aposta de síntese entre as artes e as técnicas, o edifício e a paisagem, os recursos nativos e as ofertas adventícias.

Mesmo quando tal projeto parecesse algo turvo, senão menos convincente ou sedutor, impunha-se uma visão de país: ora em nome de um sistema cultural da arquitetura, ora da educação estética do público; ora do aprofundamento das tarefas nacional-desenvolvimentistas na esfera territorial, do planejamento ou das infraestruturas, ora da infusão de algum surto civilizatório junto à sociedade civil e ao mercado; ora do investimento nas virtualidades democráticas da produção em série, ora da busca de uma arquitetura vinculada ao povo. Tenham ou não, portanto, se alinhado à imagem canônica ou se restringido a meras projeções ideológico-narcísicas, um exigente horizonte de Brasil a eles se apresentava.

Certamente que as duas décadas de ditadura civil-militar instaurada no país a partir de 1964 têm muito a ver com o rebaixamento das esperanças dos profissionais. Ainda que em seus anos iniciais e em meio à resistência democrática, algumas daquelas coordenadas tenham se aprofundado tanto em sentido radical e contra-repressivo, quanto em sua tradução tecnocrática. Mas o fato é que desde a abertura política, que coincide com os primeiros surtos de globalização, vem se tornando cada vez menos plausível uma representação de país (nacionalista, anti-imperialista, populista e outras) ou, antes, uma autoimagem nacional entre os arquitetos. Se se trata de uma expressão contestatória face ao status fundacional das narrativas e meta-narrativas herdadas; da construção de novas referências identitárias, múltiplas, descontínuas ou porosas, à práxis arquitetônica; ou simplesmente de uma perda de aderência sociocultural da disciplina, é questão que permanece em aberto.

Notas

1. Cf. Joaquim Cardozo, "Arquitetura brasileira: características mais recentes", *Módulo*, ano 1, n.1, mar.1955, pp. 6-9.
2. Maurice Merleau-Ponty, *O visível e o invisível*. São Paulo: Perspectiva, 2007, p. 16.
3. Carlos Lemos, *O que é patrimônio cultural?* São Paulo: Brasiliense, 1985; Lauro Cavalcanti, *As preocupações do belo*. Rio de Janeiro: Taurus, 1995; José Reginaldo Gonçalves, *A retórica da perda*. Rio de Janeiro: Editora da UFRJ, 1996; Maria Cecilia Londres da Fonseca, *O patrimônio em processo*. Rio de Janeiro: Editora da UFRJ/Iphan, 1997; Marcia Chuva, *Os arquitetos da memória*. Rio de Janeiro: Editora da UFRJ, 2009.
4. Maria Inez Turazzi, "Uma cultura fotográfica", *Revista do Iphan*, n. 27, 1998, pp. 6-17; Helouise Costa e Renato Rodrigues, *A fotografia moderna no Brasil*. São Paulo: Cosac Naify, 2004; Heliana Angotti Salgueiro (org.), *O olho fotográfico: Marcel Gautherot e seu tempo*. São Paulo: Faap, 2007; Sonia Gouveia, *O homem, o edifício e a cidade por Peter Scheier*. São Paulo: FAU-USP, 2008; Mariana Guardani, *Fotógrafos estrangeiros na cidade: campo profissional e imagem fotográfica em São Paulo, 1930-1960*. São Paulo: FAU-USP, 2001; Fernando Stankuns Figueiredo, *Novo mundo do espaço: Le Corbusier e o papel da fotografia na mediação entre o público e a arquitetura*. São Paulo: MAC-USP, 2012.
5. Beatriz Colomina, *Privacy and Publicity: Modern Architecture as Mass Media*. Cambridge: The MIT Press, 1996, pp. 77-139.
6. Mário de Andrade, "Arquitetura colonial", *Diário Nacional*, São Paulo, 23-26 ago. 1928.
7. Idem, "Brazil Builds", *Folha da Manhã*, São Paulo, 23 mar. 1944.
8. Lúcio Costa, *Arquitetura brasileira*. Rio de Janeiro: Ministério da Educação e Saúde, 1952, p. 36.
9. Jorge Francisco Liernur, "The South American Way: el milagro brasileño, los Estados Unidos y la Segunda Guerra Mundial (1939-1943)", *Block*, n. 4, dez. 1999, pp. 23-41; Maria Beatriz Camargo Cappello, *Arquitetura em revista: arquitetura moderna no Brasil e sua recepção nas revistas francesas, inglesas e italianas (1945-1960)*. São Paulo: FAU-USP, 2005; Nelci Tinem, *O alvo do olhar estrangeiro: o Brasil na historiografia da arquitetura moderna*. João Pessoa: Editora Universitária, 2006.
10. Eduardo Augusto Costa, *Brazil Builds e a construção de um moderno, na arquitetura brasileira*. Campinas: IFCH-Unicamp, 2009.
11. Philip Goodwin, *Brazil Builds: Architecture New and Old*. Nova York: The Museum of Modern Art, 1943, p. 84.
12. Ibidem, p. 100.
13. James Richards, *An Introduction to Modern Architecture*. Nova York: Penguin, 1953, pp. 106-7.
14. Alexandre Persitz, "L'architecture au Bresil", *L'Architecture d'Aujourd'hui*, n. 13-4, set. 1947, p. 5.
15. Architectural Record, "Architecture of Brazil", *Architectural Record*, v. 93, n. 1, jan. 1943, pp. 34-56; Progressive Architecture, "Brazil Still Builds", *Progressive Architecture*, v. 28, abr. 1947, pp. 1 e 47-64; The Architectural Forum,

"Brazil", *The Architectural Forum*, v. 87, n. 5, nov. 1947, pp. 66-112.

16 Siegfried Giedion, "Brazil and Contemporary Architecture". In: Henrique Mindlin, *Modern Architecture in Brazil*. Londres: The Architectural Press, 1956, p. IX.

17 Architectural Review, "Report on Brazil", *The Architectural Review*, v. 116, n. 694, out. 1954, pp. 235-50.

18 Gillo Dorfles, *Architectura Moderna*. Barcelona: Seix-Barral, 1957, pp. 110-4.

19 Mário Pedrosa, "A arquitetura moderna no Brasil". In: *Dos murais de Portinari aos espaços de Brasília*. São Paulo: Perspectiva, 1981, p. 259.

20 Otília Arantes, "Do universalismo moderno ao regionalismo pós-crítico". In: *Urbanismo em fim de linha e outros estudos sobre o colapso da modernização arquitetônica*. São Paulo: Edusp, 1998, pp. 101-25.

21 Paulo Santos, *Presença de Lúcio Costa na arquitetura contemporânea do Brasil*. Rio de Janeiro: s./n., 1960 (mimeo); Aracy Amaral (org.), *Arquitectura neocolonial: América Latina, Caribe, Estados Unidos*. São Paulo: Memorial da América Latina/Fondo de Cultura Económica, 1994; Joana Mello, *Ricardo Severo: da arqueologia portuguesa à arquitetura brasileira*. São Paulo: Annablume/Fapesp, 2007; Carlos Kessel, *Arquitetura neocolonial no Brasil: entre o pastiche e a modernidade*. Rio de Janeiro: Jauá, 2008; Maria Lucia Bressan Pinheiro, *Neocolonial, modernismo e preservação do patrimônio no debate cultural dos anos 1920 no Brasil*. São Paulo: Edusp/Fapesp, 2011.

22 José Marianno Filho, "Os dez mandamentos do estylo neo-colonial", *Architectura no Brasil*, ano 2, v. 4, n. 24, Rio de Janeiro, set. 1923, p. 161.

23 Armando de Oliveira, "A architectura em nosso paiz", *Architectura no Brasil*, Rio de Janeiro, ano 1, v. 2, n. 7-8, abr.– maio 1922, p. 2.

24 Nestor de Figueiredo, "Estudando a architectura tradicional brasileira. Uma sympathica iniciativa de José Marianno Filho que vae agora ser realizada. Fala-nos o architecto Nestor de Figueiredo", *Correio da Manhã*, Rio de Janeiro, 23 fev. 1924.

25 Lúcio Costa, "A alma dos nossos lares", *A Noite*, Rio de Janeiro, 19 mar. 1924.

26 Idem, "O Aleijadinho e a arquitetura tradicional", *O Jornal*, Rio de Janeiro, 1929.

27 Archimedes Memória, "Entrevista", *O Jornal*, Rio de Janeiro, 31 jan. 1926.

28 José Wasth Rodrigues, "Architectura Colonial – IV", *O Estado de S. Paulo*, São Paulo, 16 abr. 1926.

29 Gregori Warchavchik, "Arquitetura brasileira", *Terra Roxa e outras terras*, São Paulo, 17 set. 1926, p. 17.

30 Idem, "Decadência e renascimento da arquitetura", *Correio Paulistano*, São Paulo, 5 ago. 1928.

31 Lúcio Costa, "Razões da nova arquitetura", *Revista da Directoria de Engenharia PDF*, v. III, n. 1, Rio de Janeiro, jan. 1936, p. 3.

32 Gregori Warchavchik, "Arquitetura do século XX. IV – Passadistas e futuristas", *Correio Paulistano*, São Paulo, 23 set. 1928.

33 Idem, "Arquitetura do século XX. II", *Correio Paulistano*, São Paulo, 5 set. 1928.

34 Lúcio Costa, "Razões da nova arquitetura", cit., p. 8.

35 Miranda Netto, "A arte de construir", *Correio do Povo*, Porto Alegre, 19 jan. 1933, p. 5, citado em Maria Antonia Carreira, *Cidade, imprensa e arquitetura*, São Carlos: EESC-USP, 2005, p. 143.

36 Gregori Warchavchik, "Arquitetura do século XX. I", Correio Paulistano, São Paulo, 29 ago. 1928.

37 Idem, "L'architecture d'aujourd'hui dans l'Amérique du Sud", *Cahiers d'Art*, n.2, Paris, 1931, p. 106.

38 Lúcio Costa, "Constatação". In: *Lúcio Costa: registro de uma vivência*. São Paulo: Empresa das Artes, 1995, p. 82, citado em Otavio Leonídio, *Carradas de razões: Lúcio Costa e a arquitetura moderna brasileira (1924-1951)*. Rio de Janeiro/São Paulo: Editora da PUC-Rio/Loyola, 2007, p. 122.

39 Otavio Leonídio, *Carradas de razões*, cit., pp. 139-40.

40 Antonio Candido, "Uma palavra instável". In: *Vários escritos*. São Paulo: Duas Cidades, 1995, pp. 293-305.

41 Idem, "A revolução de 30 e a cultura". In: *A educação pela noite e outros ensaios*. São Paulo: Ática, 1987; João Luiz Lafetá, *1930: a crítica e o modernismo*. 2. ed. São Paulo: Editora 34/Duas Cidades, 2000.

42 Mário de Andrade, *O movimento modernista*. Rio de Janeiro: Casa do Estudante do Brasil, 1942, pp. 230-2.

43 Abelardo de Souza, *Arquitetura no Brasil: depoimentos*. São Paulo: Edusp/Diadorim, 1978, pp. 15-32; Alcides da Rocha Miranda, "trechos da entrevista para Maria Cristina Burlamaqui". In: Lucia Gouvêa Vieira, *Salão de 1931: marco da revelação da arte moderna em nível nacional*. Rio de Janeiro: Funarte, 1984, pp. 71-3.

44 Lúcio Costa, *Arquitetura brasileira*, cit., p. 31.

45 Clevio Rabelo, *Arquitetos na cidade: espaços profissionais em expansão, Rio de Janeiro, 1925-1935*. São Paulo: FAU-USP, 2011.

46 Luiz Nunes, "Postos policiais 'standard'", *Boletim de Engenharia*, v. VII, n. 1, Recife, mar. 1935.

47 Idem, "Uma diretoria de architectura", *Revista da Diretoria de Engenharia PDF*, v. 3, n. 2, Rio de Janeiro, mar. 1936, p. 55.

48 Ibidem, p. 57.

49 José Lira, *Mocambo e Cidade: regionalismo na arquitetura e ordenação do espaço habitado*. São Paulo: FAU-USP, 1996.

50 Joaquim Cardozo, "Dois episódios da história da arquitetura moderna brasileira", *Módulo*, ano 2, n. 4, Rio de Janeiro, mar. 1956; Rita Vaz, *Luiz Nunes: arquitetura moderna em Pernambuco, 1934-1937*. São Paulo: FAU-USP, 1988; Guilah Naslavsky, *Modernidade arquitetônica no Recife: arte, técnica e arquitetura de 1920 a 1950*. São Paulo: FAU-USP, 1998; Alcília Melo, *Revolução na arquitetura: Recife, década de 1930*. Teresina: Edufpi, 2001.

51 Carlos Lemos, *Alvenaria burguesa*. São Paulo: Nobel, 1985; Maria Lucia Gitahy e Paulo Cesar Xavier Pereira (orgs.), *O complexo industrial da construção e a habitação econômica moderna 1930-1964*. São Paulo: Rima/Fapesp, 2002.

52 Nadia Somekh, *A cidade vertical e o urbanismo modernizador, São Paulo 1920-1939*. São Paulo: Edusp/Nobel/Fapesp, 1997, pp. 118-24.

53 Roberto Conduru, *Vital Brazil*. São Paulo: Cosac Naify, 2000; Fernando Atique, *Memória de um projeto moderno: a idealização e a trajetória do edifício Esther*. São Carlos: Rima, 2003.

54 Álvaro Vital Brazil e Adhemar Marinho, "Edifício Esther: concepção geral do projecto", *Acrópole*, ano 1, n. 1, maio 1938, p. 54.

55 Fernando Atique, *Memória de um projeto moderno*, cit.

56 Angela de Castro Gomes, *Essa gente do Rio: modernismo e nacionalismo*. Rio de Janeiro: Editora da FGV, 1999; idem (org.), *Capanema:*

o ministro e seu ministério. Rio de Janeiro: Editora da FGV, 2000.

57 Carlos Zilio, *A querela do Brasil*. Rio de Janeiro: Funarte, 1982; Carlos A. F. Martins, "Identidade nacional e Estado no projeto modernista: modernidade, Estado, tradição", *Oculum*, n. 2, Campinas, set. 1992.

58 Carlos Eduardo Dias Comas, *Precisões brasileiras: sobre um estado passado na arquitetura e urbanismo modernos a partir dos projetos e das obras de Lúcio Costa, Oscar Niemeyer, MMM Roberto, Affonso Reidy, Jorge Moreira e Cia, 1936–1945*. Paris: Université de Paris VIII, 2002.

59 José Carlos Garcia Durand, *A profissão do arquiteto (estudo sociológico)*. Rio de Janeiro: Crea, 1972; Clevio Rabelo, *Arquitetos na cidade*, cit.

60 Philip Goodwin, *Brazil Builds*, cit.; Lúcio Costa, *Arquitetura brasileira*, cit.; Henrique Mindlin, *Modern Architecture in Brazil*, cit.; Paulo Santos, *Presença de Lúcio Costa na arquitetura contemporânea do Brasil*, cit.

61 Gregori Warchavchik, "Carta a Siegfried Giedion, São Paulo, 27 jul. 1934, original em francês", Arquivo familiar de Gregori Warchavchik, Correspondência, pp. 016B-018A.

62 Lúcio Costa, "Carta a Le Corbusier, Rio de Janeiro, 24 out. 1937", citado em Cecília Rodrigues dos Santos et al., *Le Corbusier e o Brasil*. São Paulo: Tessela/Projeto, 1987, p. 184.

63 Eric Mumford, *The Ciam Discourse on Urbanism, 1928-1960*. Cambridge: The MIT Press, 2000, pp. 111 e 161.

64 Daryle Williams, *Culture Wars in Brazil: the First Vargas Regime, 1930-1945*. Durham: Duke University Press, 2001, p. 209.

65 Marcia Chuva, *Os arquitetos da memória*, cit., pp. 91-119 e 195-221.

66 Lúcio Costa, "Documentação necessária", *Revista do Serviço do Patrimônio Histórico e Artístico Nacional*, n. 1, Rio de Janeiro, 1937, pp. 32-3.

67 Idem, "Razões da nova arquitetura", cit. pp. 3-9.

68 Otília Arantes, "Lúcio Costa, a 'boa causa' da arquitetura moderna". In: Otília Arantes e Paulo Arantes, *Sentido da formação*. Rio de Janeiro: Paz e Terra, 1997, p. 126.

69 Philip Goodwin, *Brazil Builds*, cit. Cf. Zilah Quezado Decker, *Brazil Built: The Architecture of the Modern Movement in Brazil*. Londres/Nova York: Spon, 2001; Eduardo Augusto Costa, *Brazil Builds e a construção de um moderno, na arquitetura brasileira*, cit.

70 Carlos A. F. Martins, *Arquitetura e Estado no Brasil. Elementos para uma investigação sobre a constituição do discurso moderno no Brasil; a obra de Lúcio Costa 1924/1952*. São Paulo: FFLCH-USP, 1987.

71 Lúcio Costa, *Arquitetura brasileira*, cit., pp. 31-2.

72 Elizabeth D. Harris, *Le Corbusier: Riscos brasileiros*. São Paulo: Nobel, 1985; Maurício Lissovsky e Paulo Sérgio Moraes de Sá, *Colunas da Educação: a construção do Ministério da Educação e Saúde*. Rio de Janeiro: MINC/IPHAN, 1996.

73 Roberto Segre, *Ministério da Educação e Saúde: icone urbano da modernidade brasileira (1935-1945)*. São Paulo: Romano Guerra, 2013, p. 192.

74 Ibidem, p. 308.

75 Ibidem, pp. 471-81.

76 Citado em Renato Alves e Silva, *O desafio da preservação do patrimônio arquitetônico modernista no Rio de Janeiro*. Rio de Janeiro: Iphan, 2012, p. 143. Cf. ainda Flavia Brito do Nascimento, "Preservando a arquitetura do século XX: o Iphan entre práticas e conceitos", *Cadernos Proarq (UFRJ)*, n. 19, 2013, pp. 172-93; Carolina Pádua, *Arquitetura moderna: um estudo sobre patrimônio e preservação*. São Paulo: FAU-USP, 2013.

77 Danilo Matoso Macedo, *Da matéria à invenção: as obras de Oscar Niemeyer em Minas Gerais, 1938-1955*. Brasília: Câmara dos Deputados, 2008, pp. 170-2.

78 Jean-Louis Cohen, *The Future of Architecture since 1889*. Londres: Phaidon, 2012, p. 268.

79 Stamo Papadaki, *The Work of Oscar Niemeyer*. Nova York: Reinhold, 1950, p. j.

80 Lionello Puppi, *A arquitetura de Oscar Niemeyer*. Rio de Janeiro: Revan, 1988, p. 38; Yves Bruand, *L'architecture contemporaine au Brésil*. Paris: Université de Paris IV, 1971, p. 348.

81 Kenneth Frampton, *Modern Architecture: A Critical History*. Londres: Thames and Hudson, 1996, pp. 254-5; Jean-Louis Cohen, *The Future of Architecture since 1889*, cit., p. 268.

82 Philip Goodwin, *Brazil Builds*, cit., p. 103.

83 Joaquim Cardozo, "Dois episódios da história da arquitetura moderna brasileira", cit.; Sophia da Silva Telles, "O desenho: forma e imagem", *AU*, n. 55, 1994, pp. 91-5; Danilo Matoso Macedo, *Da matéria à invenção*, cit., p. 165; Lauro Cavalcanti, *Quando o Brasil era moderno: guia de arquitetura, 1928-1960*. Rio de Janeiro: Aeroplano, 2001, p. 385.

84 Marcelo Suzuki, *Lina e Lúcio*. São Carlos: EESC-USP, 2010, pp. 199-236.

85 Helio Herbst, *Promessas e conquistas: arquitetura e modernidade nas bienais*. São Paulo: FAU-USP, 2002, pp. 176-84; Renato Alves e Silva, *O desafio da preservação do patrimônio arquitetônico modernista no Rio de Janeiro*, cit., pp. 168-75.

86 Henrique Mindlin, *Modern Architecture in Brazil*, cit., pp. 47-9; Helio Herbst, *Promessas e conquistas*, cit., pp. 288-93; Lauro Cavalcanti, *Quando o Brasil era moderno*, cit., pp. 240-5.

87 Rosa Artigas, *Vilanova Artigas*. São Paulo: Terceiro Nome, 2015; Leandro Medrano e Luiz Recamán, *Vilanova Artigas: habitação e cidade na modernização brasileira*. Campinas: Editora da Unicamp, 2013, pp. 26-38.

88 Adriana Irigoyen, *Da Califórnia a São Paulo: referências norte-americanas na casa moderna paulista, 1945-1960*. São Paulo: FAU-USP, 2005.

89 Renato Anelli, *Arquitetura e cidade na obra de Rino Levi*. São Paulo: FAU-USP, 1995; Renata Campello Cabral, *Mario Russo: um arquiteto racionalista italiano em Recife*. São Carlos: EESC-USP, 2003; José Lira, *Warchavchik: fraturas da vanguarda*. São Paulo: Cosac Naify, 2011; Joana Mello, *O arquiteto e a produção da cidade: a experiência de Jacques Pilon, 1930-1960*. São Paulo: Annablume/Fapesp, 2012; Zeuler Lima, *Lina Bo Bardi: The Theory of Architectural Practice*. New Haven: Yale University Press, 2013.

90 João Masao Kamita, *Espaço moderno e país novo: arquitetura moderna no Rio de Janeiro*. São Paulo: FAU-USP, 1999; Ana Luiza Nobre, *Fios cortantes: projeto e produto, arquitetura e design no Rio de Janeiro (1950-1970)*. Rio de Janeiro: PUC-RJ, 2008.

91 Paulo Sergio del Negro, *Estudo de tombamento do edifício-sede do Instituto dos Arquitetos do Brasil – Departamento de São Paulo*. São Paulo: Condephaat, 2001.

92 Helio Herbst, *Promessas e conquistas*, cit., pp. 249-56.

93 Ana Carolina Bierrenbach, "Reflexões sobre a reciclagem da arquitetura moderna em Salvador – o edifício Caramuru e a Cidade Baixa", *Anais do 7º Seminário Docomomo Brasil*, Porto Alegre, 2007; Nivaldo Vieira de Andrade Jr. et al., "O Iphan e os desafios da preservação do patrimônio moderno: a aplicação na Bahia do Inventário Nacional da Arquitetura, Urbanismo e Paisagismo Modernos", *Anais do 8º Seminário Docomomo Brasil*, Rio de Janeiro, Docomomo–Brasil, Proarq/FAU-UFRJ, 2009; Priscila Gonçalves Santos e Marco Aurélio Filgueiras Gomes, "Sobre os limites da preservação do patrimônio moderno: duas polêmicas recentes em Salvador, BA". In: Nelci Tinem e Luiz Amorim, *Morte e vida severinas: das ressurreições e conservações (im)possíveis do patrimônio moderno no Norte e Nordeste do Brasil*. João Pessoa: Editora Universitária PPGAU/UFPB, 2012, pp. 107-21.

94 Lúcio Costa, *Arquitetura brasileira*, cit., p. 7.
95 Ibidem, p. 31.
96 Ibidem, p. 36.
97 Henrique Mindlin, *Modern Architecture in Brazil*, cit., p. 3.
98 Nikolaus Pevsner, *An Outline of European Architecture*. 6. ed. Hardmondsworth: Penguin, 1961; Giulio Carlo Argan, "Arquitetura moderna no Brasil" (1954). In: Alberto Xavier (org.), *Depoimento de uma geração: arquitetura moderna brasileira*. São Paulo: Cosac Naify, 2003, pp. 170-5; Bruno Zevi, "A moda lecorbusiana no Brasil" (1971). In: Alberto Xavier (org.), *Depoimento de uma geração*, cit., pp. 163-6.
99 Ana Luiza Nobre, *Fios cortantes*, cit., pp. 1-45.
100 Max Bill, "O arquiteto, a arquitetura, a sociedade", *Habitat*, n. 14, jan.-fev. 1954.
101 Joan Ockman, "Introduction". In: *Architecture Culture 1943-1968: A Documentary Anthology*. Nova York: GSAPP/Rizolli, 1993, pp. 13-24.
102 Lina Bo Bardi, "Bela criança", *Habitat*, n. 2, jan.-mar. 1951; Rodolpho Ortenblad Filho, "Arquitetura de após guerra nos Estados Unidos", *Acrópole*, n. 183, jul. 1953; Jorge Wilheim, "Jovem brasileiro na Europa", *Habitat* n. 7, maio-jun. 1952; Roberto Cerqueira César, "A arquitetura de São Paulo", *Acrópole*, n. 184, jan. 1954; Henrique Mindlin, "Apresentação", *Brasil Arquitetura Contemporânea*, n. 5, 1955, citado em Paula Dedecca, *Sociabilidade, crítica e posição: o meio arquitetônico, as revistas especializadas e o debate do moderno em São Paulo (1945-1965)*. São Paulo: FAU-USP, 2012, pp. 127-201.
103 Lourival Gomes Machado, *Retrato da arte moderna do Brasil*. São Paulo: Departamento de Cultura, 1947, p. 83.
104 Luís Saia, "Arquitetura paulista". In: Alberto Xavier, *Depoimento de uma geração*, cit., p. 116.
105 João Masao Kamita, *Espaço moderno e país novo*, cit.
106 Luís Espallargas Gimenez, *Arquitetura paulistana da década de 1960: técnica e forma*. São Paulo: FAU-USP, 2004, pp. 72-8; João Masao Kamita, "Affinità elettive: Affonso Eduardo Reidy e il brutalismo paulista", *Rassegna di Architettura e Urbanistica*, n. 142-3, jan.-ago. 2014, pp. 31-41.
107 Francisco Bolonha, "Reidy: percurso do arquiteto". In: Solar Grandjean de Montigny, *Affonso Eduardo Reidy*. Rio de Janeiro: O Solar/PUC-RJ, 1985, pp. 20-2.
108 João Masao Kamita, "Affinità elettive", cit., p. 34.
109 Idem, *Espaço moderno e país novo*, cit., pp. 124-39; Ana Luiza Nobre, "A Museum Through". In: Frederico Coelho (ed.), *Museu de Arte Moderna Rio de Janeiro: Architecture and Construction*: Rio de Janeiro: Cobogó, 2011, pp. 112-6.
110 Luís Espallargas Gimenez, *Arquitetura paulistana da década de 1960*, cit., p. 76.
111 João Marcos Lopes, Marta Bogéa e Yopanan Rebello, *Arquiteturas da engenharia ou engenharias da arquitetura*. São Paulo: Mandarim, 2006, p. 37.
112 Frederico Coelho (ed.), *Museu de Arte Moderna Rio de Janeiro*, cit.
113 Renato Alves e Silva, *O desafio da preservação do patrimônio arquitetônico modernista no Rio de Janeiro*, cit., pp. 150-4; Claudia Rodrigues de Carvalho, *Preservação da arquitetura moderna: edifícios de escritórios no Rio de Janeiro construídos entre 1930-1960*. São Paulo: FAU-USP, 2005, pp. 177-9.
114 Maria Alice Junqueira Bastos e Ruth Verde Zein, "Diálogos alternados: Lina, Reidy e vice-versa". In: *Brasil: arquiteturas após 1950*. São Paulo: Perspectiva, 2010, pp. 57-60.
115 Daniele Pisani, *Da demolição do Belvedere à construção do mito*. São Paulo, Ed. 34, no prelo.
116 Zeuler Lima, *Verso un'architettura semplice*. Roma: Fondazione Bruno Zevi, 2007, p. 34; Renata Motta, *O Masp em exposição: mostras periódicas na Sete de Abril*. São Paulo: FAU-USP, 2003, p. 21.

117 Ana Clara Giannecchini, *Técnica e estética no concreto armado: um estudo sobre os edifícios do Masp e da FAU-USP*. São Paulo: FAU-USP, 2009.

118 Silvana Rubino, *Rotas da modernidade: trajetória, campo e história na atuação de Lina Bo Bardi, 1947-1968*. Campinas: IFCH-Unicamp, 2002, p. 124.

119 Ana Clara Giannecchini, *Técnica e estética no concreto armado*, cit., p. 100-55; Raquel Furtado Schenkman Contier, *Do vitral ao pano de vidro: o processo de modernização da arquitetura em São Paulo através da vidraçaria, 1903-1969*. São Paulo: FAU-USP, 2014, pp. 197-218.

120 Raquel Furtado Schenkman Contier, *Do vitral ao pano de vidro*, cit., p. 223.

121 João Marcos Lopes, Marta Bogéa e Yopanan Rebello, *Arquiteturas da engenharia ou engenharias da arquitetura*, cit., p. 23.

122 Antonio Risério, *Avant-Garde na Bahia*. São Paulo: Instituto Lina Bo e Pietro Maria Bardi, 2005; Carlos Basualdo (org.), *Tropicália: uma revolução na cultura brasileira*. São Paulo: Cosac Naify, 2007; Juliano Aparecido Pereira, *A ação cultural de Lina Bo Bardi na Bahia e no Nordeste (1958-1964)*. Uberlândia: Edufu, 2007.

123 Olívia de Oliveira, *Lina Bo Bardi: sutis substâncias da arquitetura*. São Paulo: GG, 2006, pp. 41-79.

124 Fernando Viégas, *Conjunto Nacional: a construção do espigão central*. São Paulo: FAU-USP, 2003, pp. 73-5 e 99-117.

125 Sandra Maria Alaga Pini, *Arquitetura comercial e contexto: um estudo de caso, o Conjunto Nacional*. São Paulo: FAU-USP, 2000, pp. 66-9.

126 Manfredo Tafuri, "The Disenchanted Mountain: The Skyscraper and the City". In: Manfredo Tafuri et al., *The American City*. Londres: Granada, 1980, pp. 389-503; Fredric Jameson, "O tijolo e o balão: arquitetura, idealismo e especulação imobiliária". In: *A cultura do dinheiro: ensaios sobre a globalização*. Petrópolis: Vozes, 2001, pp. 173-206.

127 Hugo Segawa e Guilherme Mazza Dourado, *Oswaldo Arthur Bratke*. São Paulo: Pro Editores, 1997, pp. 49-50.

128 Ibidem, pp. 237-70.

129 Mário Pedrosa, "Reflexões em torno da nova capital", *Brasil Arquitetura Contemporânea*, n. 10, Rio de Janeiro, 1957, pp. 32-5.

130 Guilherme Wisnik, "Apresentação". In: Milton Braga, *O concurso de Brasília: sete projetos para uma capital*. São Paulo: Cosac Naify/Imprensa Oficial/MCB, 2010, p. 9.

131 Jefeson Tavares, *Projetos para Brasília: 1927-1957*. Brasília: Iphan, 2014.

132 "Edital elaborado pela Novacap", *Módulo*, n. 8, Rio de Janeiro, jul. 1957, citado em Jeferson Tavares, *Projetos para Brasília*, cit., pp. 496-7.

133 Lúcio Costa, "Memória Descritiva do Plano Piloto". In: *Lúcio Costa: registro de uma vivência*. São Paulo: Empresa das Artes, 1995, pp. 283-297.

134 Milton Braga, *O concurso de Brasília*, cit., p. 156.

135 Stanislaus von Moos e Maristella Cacciato, *Twilight of the Plan: Chandigarh and Brasilia*. Mendrisio: Mendrisio Academy Press, 2007; Lina Kim e Michael Wesely, *Arquivo Brasília*. São Paulo: Cosac Naify, 2010.

136 Reyner Banham, "Brasília". In: Alberto Xavier e Julio Katinsky (orgs.), *Brasília: antologia crítica*. São Paulo: Cosac Naify, 2012, pp. 108-10.

137 Gilbert Luigi, *Oscar Niemeyer, une esthétique de la fluidité*. Paris: Parenthèses, 1987, p. 118.

138 Eduardo Pierrotti Rossetti, *Arquiteturas de Brasília*. Brasília: Instituto Terceiro Setor, 2012, p. 62.

139 Ibidem, p. 61.

140 Geraldo Ferraz, "Meditação de fim de ano: uma palavra a arquitetos, engenheiros, urbanistas, sociólogos", *Habitat*, n. 25, dez. 1955, p. 12.

141 Geraldo Ferraz, "Construção da nova cidade: Brasília", *Habitat*, n. 35, out. 1956.

142 Geraldo Ferraz, "Construção da nova capital Brasilia", *Habitat* n. 37, dez. 1956, p. 32.

143 Idem.

144 Luís Saia, "Arquitetura paulista", cit., pp. 107-9.

145 Aracy Amaral, "A polêmica sobre a função social da arquitetura". In: *Arte para quê? A preocupação social na arte brasileira 1930-1970*. São Paulo: Nobel, 2003; Pedro Arantes, *Arquitetura nova: Sérgio Ferro, Flávio Império e Rodrigo Lefèvre – de Artigas aos mutirões*. São Paulo: Editora 34, 2002; Paula Koury, *Arquitetura construtiva: proposições para a produção material de arquitetura contemporânea no Brasil*. São Paulo: FAU-USP, 2005; Juliana Braga Costa, *Ver não é só ver: dois estudos a partir de Flávio Motta*. São Paulo: FAU-USP, 2010.

146 Paula Dedecca, *Sociabilidade, crítica e posição*, cit., pp. 210-4.

147 Flávio Motta, "Introduzione al Brasile", *Zodiac*, n. 6, 1960, pp. 61-7.

148 Vilanova Artigas, "Arquitetura e cultura nacionais", *Cadernos de Estudos*, n. 6, Porto Alegre, 1959.

149 Maria Alice Junqueira Bastos e Ruth Verde Zein, *Brasil: arquiteturas após 1950*, cit., pp. 78-9.

150 Dalva Thomaz, *Artigas: a liberdade na inversão do olhar*. São Paulo: FAU–USP, 2005; João Clark de Abreu Sodré, *Arquitetura e viagens de formação pelo Brasil, 1938-1962*. São Paulo: FAU–USP, 2010; Felipe Contier, *O edifício da Faculdade de Arquitetura e Urbanismo na cidade universitária: projeto e construção da escola de Vilanova Artigas*. São Paulo: IAU-USP, 2015.

151 FAU-USP, *O primeiro fórum de debates (de 12 a 14 de novembro de 1963)*. São Paulo: FAU-USP, 1963.

152 Sérgio Ferro, "Arquitetura nova", *Teoria e Prática*, n. 1, p. 6.

153 Monica Junqueira de Camargo, "O setor das humanas como patrimônio arquitetônico e a história da arquitetura paulista". In: José Lira (org.), *Patrimônio construido da USP: preservação, gestão e memória*. São Paulo: CPC-USP/Edusp, 2014, pp. 211-7; Felipe Contier, *O edifício da Faculdade de Arquitetura e Urbanismo na cidade universitária*, cit.

edifício esther

álvaro vital brazil e adhemar marinho
praça da república, são paulo, sp
tombamento municipal: 1984; tombamento estadual: 1990

ministério da educação e saúde (atual palácio gustavo capanema)

lúcio costa, oscar niemeyer, affonso eduardo reidy, carlos leão, jorge moreira, ernani vasconcellos, consultoria de le corbusier e paisagismo de roberto burle marx
centro, rio de janeiro, rj
tombamento federal: 1948;
tombamento municipal dos jardins: 2009

palácio gustavo capanema

lúcio costa, oscar niemeyer, affonso eduardo reidy, carlos leão, jorge moreira, ernani vasconcellos, le corbusier, roberto burle marx

palácio gustavo capanema

lúcio costa, oscar niemeyer, affonso eduardo reidy, carlos leão, jorge moreira, ernani vasconcellos, le corbusier, roberto burle marx

palácio gustavo capanema

lúcio costa, oscar niemeyer, affonso eduardo reidy, carlos leão, jorge moreira, ernani vasconcellos, le corbusier, roberto burle marx

pavilhão de verificação de óbitos da faculdade de medicina do recife (atual sede do iab-pe)

luiz nunes
bairro do derby, recife, pe
tombamento federal: 1998

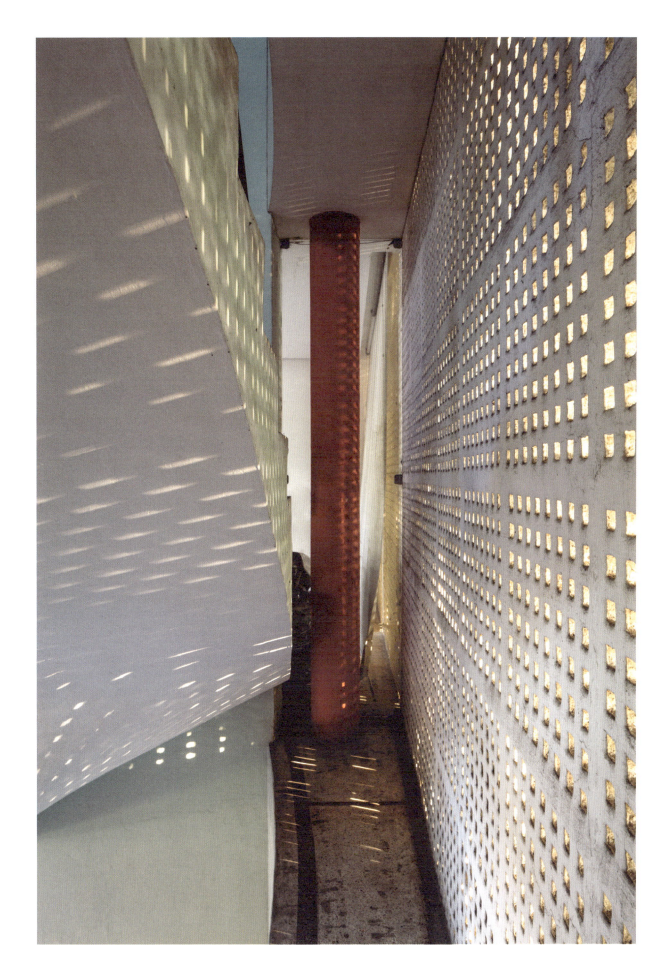

1940
-
43

conjunto da pampulha

oscar niemeyer, paisagismo
de roberto burle marx
pampulha, belo horizonte, mg
tombamento federal da igreja de
são francisco de assis: 1947; todo
o conjunto: 1997 | recebeu em
2016 o título de patrimônio
cultural da humanidade pela
unesco

museu de arte
da pampulha
[antigo cassino]

casa de baile

igreja
são francisco
de assis

iate tênis clube

edifício caramuru

paulo antunes ribeiro
comércio, salvador, ba
tombamento estadual:
2008; tombamento federal:
em instrução desde 2008

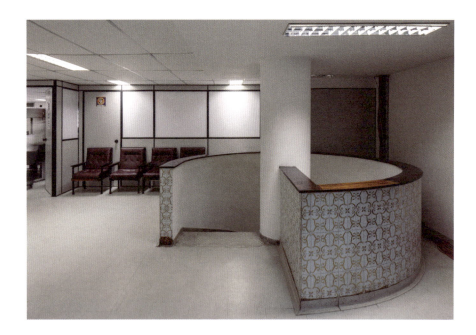

instituto de arquitetos do brasil – iabsp

rino levi, roberto cerqueira césar, abelardo de souza, hélio duarte, zenon lotufo, jacob ruchti, miguel forte e galiano ciampaglia
vila buarque, são paulo, sp
tombamento municipal: 1992;
tombamento estadual: 2002;
tombamento federal: 2015

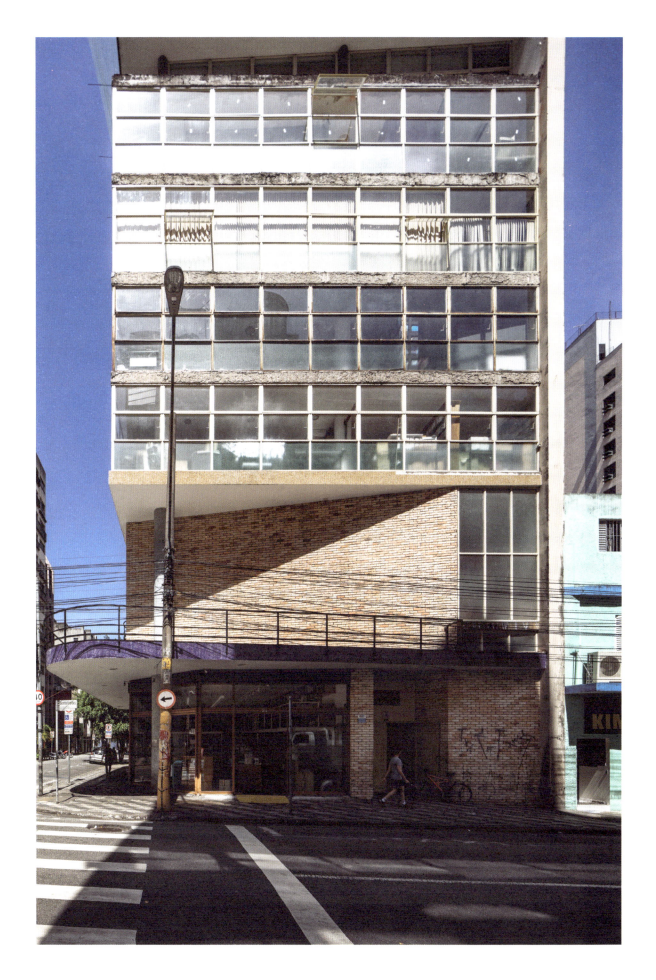

edifícios nova cintra, bristol e caledônia

lúcio costa
parque guinle, laranjeiras,
rio de janeiro, rj
tombamento federal: 1986

1948
–
51

residência walter moreira salles (atual sede do instituto moreira salles)

olavo redig de campos, paisagismo de roberto burle marx
gávea, rio de janeiro, rj
tombamento municipal, em caráter provisório: 2006

residência vilanova artigas

joão batista vilanova artigas
campo belo, são paulo, sp
tombamento municipal: 2004;
tombamento estadual: 2015

casa de vidro

lina bo bardi
morumbi, são paulo, sp
tombamento estadual: 1987;
tombamento municipal:
1992; tombamento federal:
2007

1953

museu de arte moderna do rio de janeiro

affonso eduardo reidy,
paisagismo de roberto
burle marx
parque do flamengo,
rio de janeiro, rj
tombamento federal: 1964

conjunto nacional

david libeskind
avenida paulista,
são paulo, sp
tombamento estadual:
2005; tombamento
municipal: 2015

vila serra do navio

oswaldo arthur bratke
serra do navio, amapá, ap
tombamento federal: 2010

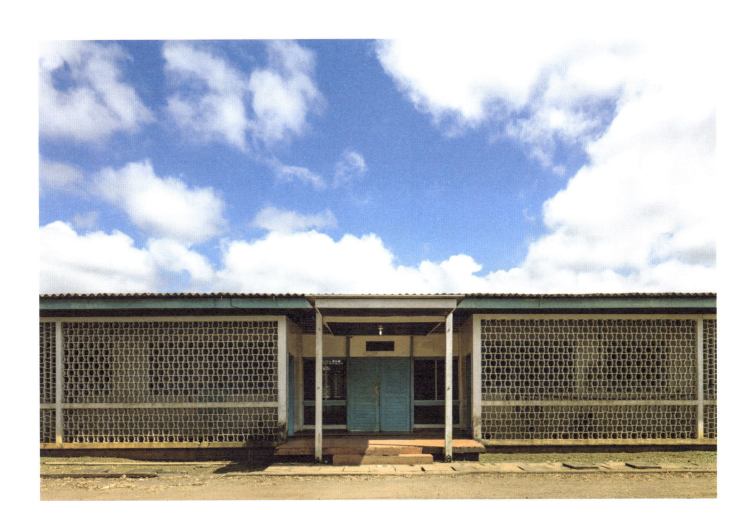

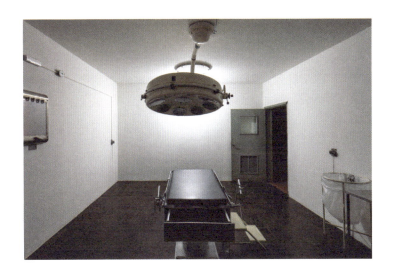

museu de arte
de são paulo

lina bo bardi
avenida paulista, são paulo, sp
tombamento estadual: 1982;
tombamento municipal: 1991;
tombamento federal: 2003

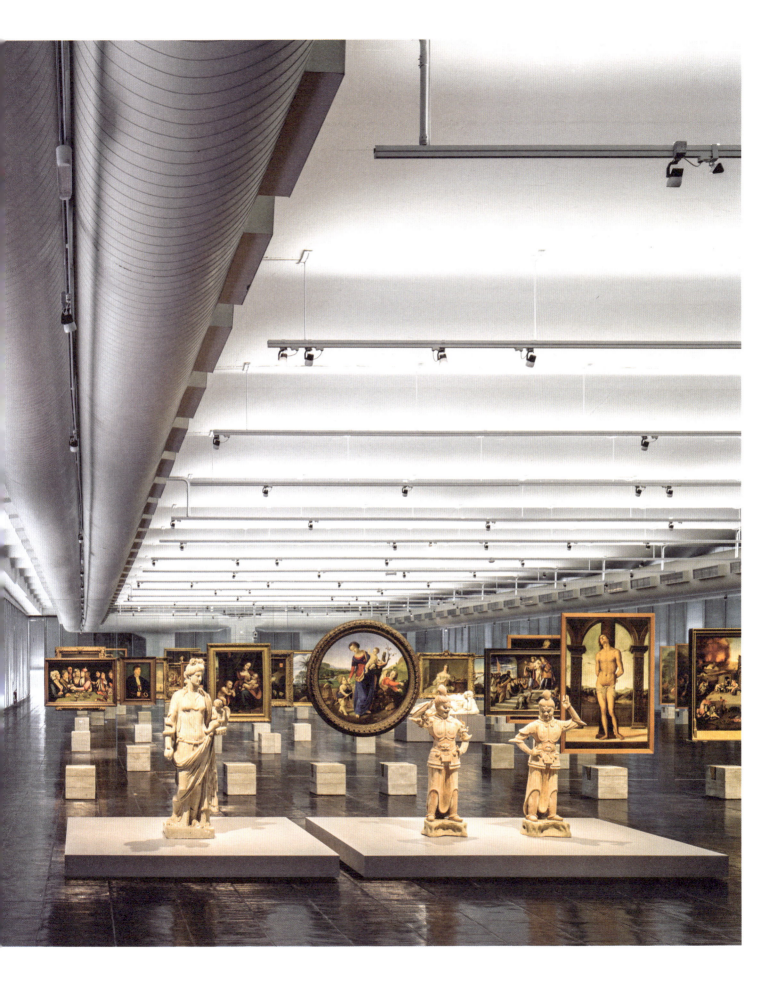

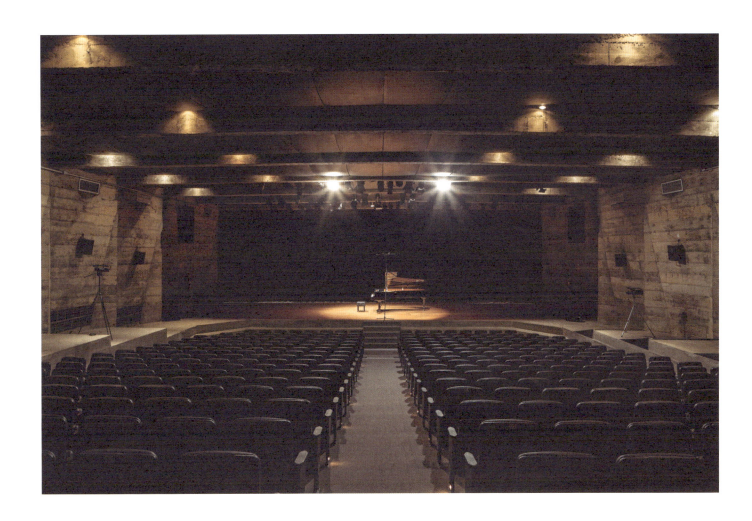

1959-60

palácio do itamaraty

oscar niemeyer, paisagismo de roberto burle marx
esplanada dos ministérios, brasília, df
tombamento federal como parte do conjunto urbanístico de brasília: 1992; tombamento como obra isolada: 2007

1961

faculdade de arquitetura e urbanismo da universidade de são paulo

joão batista vilanova artigas e carlos cascaldi
cidade universitária, são paulo, sp
tombamentos municipal e estadual: 1982

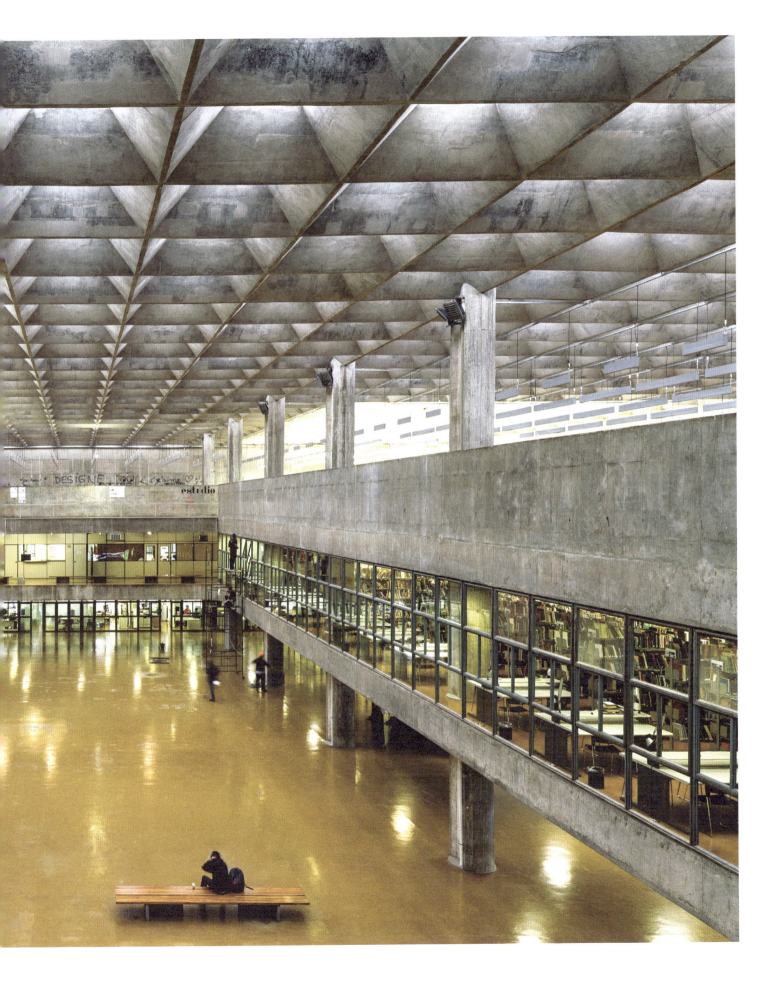

english version

The visible and the invisible in Brazilian architecture
José Lira

Behold this rather familiar architecture: such bold lines laid in stone and iron, concrete sheets of unsettling lightness, almost suspended; such volume cutouts in unabashed play between the indoors and the outdoors, the private and the public, shade and sunlight; a space extending into the distance and a tendency for expansive surfaces running of or flowing into the horizon, in all sorts of directions, inclinations and curvatures[1]; such modulations of loads and stresses, openness and closure; the ever-so-familiar ease of form, almost as if corresponding to what one sees upon regarding such nearly implied landscape within each of us. Yet, in between the visible and the invisible[2], what is the meaning of *us*, of such a *regard*, of this *architecture*?

True, one can now take a step back from this spontaneous phenomenology and its formal, frequently ethnocentric, illusions. But it might be profitable to look upon it once more in search of the links between what we architects, critics and Brazilians have learned to see in the locally produced modern architecture and certain still influential accounts on Brazil. Or, yet, in search of echoes between the manners in which the country is seen, and the effects that some of its iconic architectural accomplishments continue to project. Simply because there they are: amid Brazilians, in the landscape that we have built around us, as if devised within our eyes and engraved in the tangible world.

This book covers sixteen buildings or building complexes designed by different architects in various parts of Brazil from the 1930s to the 1960s that have gained the status of canon, of monuments, even of fetish, in the definition of attitudes and narratives about modern Brazilian architecture. Declared heritage sites in different contexts and according to equally varied criteria and reasons, currently in all states of preservation, appreciation and use, they have all been, from the very beginning, the subject of multiple historical-critical approaches. Not as much as to once again describe them in detail, my intention is only to reframe some of their aspects of form and making, meshing them with contemporary social, cultural and architectural developments, with some of their symbolic, political and disciplinary projections, as a means to represent them in history and in memory, both in writing and visually. This is, perhaps, about contributing to a review of how they are seen through the filter of distance in time and their present-day appearance. There, too, lies the importance of Leonardo Finotti' photo essays that help to form this book. By revisiting this set of exceptional buildings in his company in search of the marks of finitude they bear and their aesthetic liveliness, we may be able to once more shake up the horizons of meaning that lend them duration.

IMAGE, MEMORY, RECEPTION

It is close to unanimous that few artistic expressions in Brazil throughout the 20th century have been able to crystallize as successful an image as the local modern architecture. This is clearly due to the elegant way through which the domain has managed to challenge modern purposes and obstacles, merging lofty avant-garde ambitions with a symbolically charged constructive project. But the relative stability of such an image is most of all due to the fact that the movement in favor of modern architecture in Brazil, just like on the international front, has since its outset widely recurred to the arts of technical reproducibility – specially to photography, but also to film and to graphic arts –, with significant investments in modern networks of image within the press and advertising. As if its translation into visual manifestos and public narratives would at once enable wide circulation and the consolidation of certain design attitudes, poetics and rationales.

Furthermore, at least in Brazil, the persistence of a modern architecture image also connects to the fact that its formulation is linked to the construction of a national memory, or yet to the institutional making of the very notion of cultural heritage in the country. And this, by various means: through the local avant-garde's reference to traditional colonial architecture; through the engagement on preservation functions of some of its greatest exponents, starting with Lúcio Costa; or even through the granting of national landmark status to exemplary works just a few years after their construction, as was the case of Pampulha Church in 1947; the Ministry of Education and Health headquarters in 1948; Rio de Janeiro's Seaplane Station in 1957; Catetinho palace in 1959; Flamengo Park in 1965; or Brasília's Cathedral in 1967 – the first in a long list of modern architecture's national monuments.

Many, in fact, have addressed such unique traits of Brazilian heritage culture: the influence of modern architects in the shaping of protection criteria; their role in the effective selection of historical monuments and sites aimed at symbolizing national memory and authenticity; the prevalence of artistic values and, more specifically, the huge concentration of architecture within heritage lists; the impact of the symbiosis between tradition and modernity in appreciation, preservation and restoration efforts, in line with Brazilian modern architecture's authority and critique.[3]

On the other hand, the paradigm has also been understood as relevant to the making of a photographic culture in Brazil. After all, seen as an effective means of identifying, recognizing and representing national architectural singularities, photography has not only gained an important role in their visual documentation, but has also worked as a vector for values, sensitivities and points of view related to built heritage and contemporary architecture[4]. While many of its own procedures and uses have been shaped in that process, photography has produced highly influential heritage-related framings, allowing modern Brazilian architecture to be linked to strong identity meanings. Translated into visual values, operating in the overlaps between certain images of the past and memories for the future, condensing powerful evocations and reverberations, modern architecture in Brazil has been symbolically distinguished in the local cultural panorama and the language system as a whole.

Indeed, some images have become monumental themselves, as if capable of simultaneously representing the new world, refining a given visual intelligence, and crystallizing fleeting visual experiences into records for posterity. It is no accident that architects have come to devote great zeal to photographs of their work. Le Corbusier's obsession in this respect has been noted, as if the transition of architecture into photography was a crucial moment – not of reflection, but of reinforcement of certain theoretical arguments and formal interpretations of his work, if not of its very construction.[5] Indeed, in addition to the value of photography as evidence, there is something constructive about the adoption of certain angles, on the interplay with the edge, the background and the surroundings of the objects, on the emphasis on certain details and material qualities, on control of light, texture, grain, focus and contrast, and even on the images' inconsistencies with the works they refer to.

In Brazil, too, the frequent collaboration between architects and photographers would soon prove itself a crucial strategy for the endorsement of certain design attitudes – take for instance Hugo Zanella's collaboration with Gregori Warchavchik; Zanella's business partner, José Moscardi, with Rino Levi, Vilanova Artigas and Paulo Mendes da Rocha; Peter Scheier with Levi, Oswaldo Bratke and others; Leon Liberman with Bratke; Hans Flieg and Chico Albuquerque with Lina Bo Bardi; Marcel Gautherot with Oscar Niemeyer.

It was not therefore based only on the remarkable formal and material qualities of Brazilian modern architecture, but by means of a certain discipline of memory and imagination, that a sort of transfer between national identity and modernism has been settled down in Brazil as the ultimate synthesis of the very idea of a Brazilian architecture. As if something unconscious or primitive had been able to actualize itself in an object as overloaded with positivity as architecture, a social art *par excellence*, collectively produced and delivered to the distracted reception of the masses, so instantaneous is its presence in the landscape and the everyday life.

Mário de Andrade predicted that in 1928, when he imagined the development of modern architecture as a reflux from its internationalism and anonymity, or even as a shift towards certain psychosocial singularities – that is, towards a Brazilian architectural constancy ever more "unconscious within us".[6] Such national "actuality" of modern architecture in Brazil, in fact, seemed to be roughly outlined at the time of the publication of the catalog *Brazil Builds* by the Museum of Modern Art of New York in 1943, which he believed that ironically had enabled Brazilians to review some old complexes:

> I have heard many a Brazilian not only awed, but even outraged when faced with this book that proves that our modern architecture is as good as that of the world's most advanced countries. Only foreigners seem to give us such awareness of our human normality. Because, due to this inferiority complex, we tend to react with either ridiculous exacerbated nationalism or conformist and decaying shyness.[7]

Despite standing far apart both from unconditional patriotism and folk regionalism, Mário de Andrade could not avoid the basic mechanism of national identification: the *we* that naturalizes "our" mestizo complex, "our" superiority or exceptionality, "our" appreciation of normality, "our" modern architecture. The traditional argument would persist over time, regardless of its consistency or arbitrariness, reaffirming a view of the country's current architectural production as a unitarian and peculiar expression of a certain "Brazilianness". So much so that, at the peak of its international recognition, Lúcio Costa would return to it:

> Present-day Brazilian architecture already differs from the overall contemporary production and, in the eyes of foreigners, is seen as a local expression, not only because it renovates certain superficial means peculiar to our tradition, but essentially because it is the national personality that expresses itself, employing the materials and the techniques of the age, through certain individuals of native artistic genius.[8]

It is interesting to see how the foreign reception of Brazilian works emerges in local interpretations as a major legitimizing track for modern architecture to intellectuals, the architects themselves, their clients, and public opinion in general in Brazil.[9] In it, the eye of the stranger appeared to reiterate recognition of some unique national traits that Brazilian intellectuals had been cultivating since the early decades of the 20th century: ethnic specificity and the weight of miscegenation in the country's peculiar formative process; unity and uniqueness as opposed to the racial, cultural, social and geographic heterogeneity that made up the country; the influence of the environment and tropical climate in the expressions of the national character or soul; the role of the popular element and, in particular, of the colonial past in the stabilization of callings and destinies specific to Brazil.

Meanwhile, indifferent as it was to the minutiae of ideological struggles, superficial as it was relative to the country's traditional architectural practices, and perplexed as it was before the local accomplishments and innovation in the context of universal canon, foreign critique did provide its own explanations for the phenomenon. Philip Goodwin, who carried out the first systematic survey of modern architectural production in Brazil, documenting with photographs by G.E. Kidder Smith, 47 buildings completed between 1938 and 1942 – most of them either in Rio or the work of Rio-trained architects –, provided what may be the best merger of photographic record and historic narrative consistent with the imagetic project that was taking up root within the Brazilian National Historic and Artistic Heritage Service. It was no accident that he approached Mário de Andrade, Lúcio Costa, Rodrigo Mello Franco and other intellectuals once in Brazil.[10] Much of his interpretation stems from this melding of a critical discourse, a photographic point of view, and sensitivity to heritage. According to him, while the early momentum had come from abroad, Brazil quickly started to advance on its own; its main original contribution to modern architecture lies in controlling heat and the exposure of glass surfaces to sunlight by means of external *brises-soleil*.[11]

Whether in the Obra do Berço in Rio de Janeiro, the Pampulha Casino or the Grande Hotel in Ouro Preto – all by Oscar Niemeyer –, the new shading devices drew great benefit from lessons from the Portuguese past in the tropics. If the colonial past left its marks, the wealth of the experiences put into practice there caught the eye of foreign viewers: if modern Brazilian architecture "has the character of the country itself and of the men who designed it" and "is perfectly matched with the climate and the materials employed", it had taken "the evolution of the entire movement a few steps forward, towards the full development of the ideas launched in Europe and the United States before the 1914 war".[12]

Also attentive to Brazilian architecture's local references, James Richards asked himself: how to understand that "such a bold modern architecture school" might have been able to flourish under Brazil's sunlight, developing such a privileged field of experimentation on Le Corbusier's pure geometry? For him, there was something baroque about Brazil's new architecture inherited from Portuguese colonial tradition and an adventurous sense of form, for which the quality of the finish was not always regular. An appropriate regional flavor could be perceived in the return to the Latin-American tradition of tiles for indoor and outdoor decorative use.[13]

These singularities could therefore be seen also in the formal license and boldness of the new buildings, as well as in the remarkable advances in the use of reinforced concrete. French and North American critics were enthusiastic about the perceived local gains in civil construction. Technical and plastic solutions "of a perfection that could only be achieved seldom and very recently. These were the solutions to the important problems of sun protection, of ventilation, of tall constructions, of prefabrication, and others". Despite all of Le Corbusier's influence, they revealed a "specifically Brazilian" character in locally made architecture.[14] Singular for the methodological approach that informed it, Brazilian architecture was "based on a knowhow for reinforced concrete apparently far superior to ours", Americans said, "comprehending so many structural types (...) that it made us stop and wonder". Its technical progress disdained the structural systems handbooks that had general acceptance in the United States, appearing to be the fruit not only of the skill and imaginativeness of young local architects and engineers, but also of specific technical and institutional traits.

There was an important difference in the local building codes: without great changes to our standard of permitted stresses and loads, Brazilians were allowed to design a procedure at the limit of force calculations that made the most of steel traction stresses, enabling significant cost savings.[15]

Despite the objections that even then began to emerge against its alleged formalism and frivolity, this crossing between a certain universal evolutionary branch of modern architecture and peculiar national traits would soon be unanimously recognized. Siegfried Giedion – Modern Movement's main historian and institutional leader – was surprised at the exuberance of the architecture produced in a country that, for him, had been until recently at the periphery of civilization. Such exuberance could not be credited only to the exceptional creativity of some of its architects in solving various and complex programs, or in their rigorous approach to the relationships between volumes and voids, as the average level of local production was also rather high in his opinion. Perhaps something irrational was at play there. After all, while in Brazil in the 1950s there was already a clear predisposition to the proposal of modern architecture, the impositions of real-estate speculation and the limited production of iron and cement did not seem compatible with the speed at which it was spreading everywhere.[16]

Even a moderate architect like Walter Gropius, who argued that Brazil did not quite have a native architectural style to defend, would say that Brazilians had developed "a peculiar modern architectural attitude". And for Ernesto Nathan Rogers this might in fact be explained by its links to the local geography and architectural tradition. Even as he avoided contemporary radical controversies, Rogers suggested a connection to a national artistic personality: the instinctive temperament of the chief representative of this architecture, Niemeyer, was in stark contrast with Lúcio Costa's contemplative spirit in his pursuit of original models from the past, finding in Affonso Eduardo Reidy a successful combination of native roots and the inflows from abroad.[17] Gillo Dorfles, too, pointed out these unique traits in Brazilian production, highlighting what he called a "diaphanous regionalism", a sort of correlation between local formative forces and contemporary technical achievements, allowing it not only to renovate, but also to get rid of the excessively strict limits set by Europe's high rationalism.[18]

For all of them, therefore, Brazilian architecture addressed the challenge of responding to regional and traditional suggestions and at the same time, it seemed to open an alternative path for the development of international architecture. Seldom would the making of this uncanny image be confronted abroad with its own contradictions. Mário Pedrosa was, without a doubt, among the first to remark upon this fact. To him, Brazilian architecture clearly had noteworthy aesthetic qualities: its inventive *brises-soleil* design, which in addition to meeting out their practical purposes, also gave buildings significant graphic and chromatic effects; the lightness of structural solutions and the careful combination of materials; its creative articulation of surfaces, volumes and spaces; the integration of indoors, outdoors and the landscape; the free-form interplay, even if at the expense of the program; and a new meaning for monumentality. In 1953, however, the Brazilian critic was already pointing out the odd association between the democratic and social ideals that the new architecture implied and its local exchange with authoritarian governments – a contradiction that seemed apparent to him in the excessive concern with values of "self-advertising, of a show of force, of a taste for sumptuousness and luxury to impress those responsible for the dictatorship, epitomized by occasionally excessive 'haughtiness' and the gratuitous forms that became fashionable".[19] In a way, it would represent a sort of oasis of civilization within the immense country, as Brasília would soon thereafter exacerbate, the trend seemed to reinforce the gap between intentions and potentialities.

The fact is that, whether or not it was designated as a regionalist expression, Brazilian episode's dissonance with respect to the international movement was emphasized by every critic. It was as if in the approach to a domain of sentiments and meanings regarded as "ours", innate to the nation, the huge effort to reject historicism had failed, succumbing either to the local interference of the climate, the culture, and the landscape, or to formal, symbolic or decorative excesses. If no single observer thought to recognize what had taken place in Brazil as resulting from the "strict application of modern lessons"[20] to a different social context, it was not simply because, in most cases, one way or another, they spoke on behalf of the ideology of the modern movement; but rather because, by deeming as universal what was in fact peculiar to a certain architectural matrix, they failed to take into account its ideology at work. Ultimately, it appears that neither by praising nor by censoring what seemed dissonant or excessive in Brazilian architecture, they could evade the pitfalls of image, identity and form; in other words, they seemed unable to evade a way of looking at those buildings in their purely abstract existence.

BRAZILIAN ARCHITECTURE IN FOCUS

Still, buildings of utmost historic relevance – such as the Esther building, designed by Álvaro Vital Brazil and Adhemar Marinho in São Paulo, in 1935, and the Recife School of Medicine necropsy hall, designed by Luiz Nunes, in 1937, do not appear to perfectly match the image of a modern Brazilian architecture. One might argue that they were conceived in a period when such a thing was not even clearly distinguished. It remains intriguing, however, that the authors of both projects graduated from the National School of Fine Arts (Escola Nacional de Beas Artes – Enba) in 1933 and, as such, took part in the revolutionary environment that involved the school after Lúcio Costa's appointment as dean in 1930. They were also engaged in the students' resistance against the dismissal of the young professor in the following year and display, even in their early professional commissions, a clear affiliation to the modern movement. The fact is that both buildings appear to be part of a more general cycle of revising the nationalistic and neocolonial propositions that had been hegemonic in Brazilian culture up until then, and not just within the architectural culture, having as a bearing an occasionally erratic research on the rising modernist trends.

Indeed, as with similar initiatives in other American nations, the early 20th-century investigations conducted in Brazil by Ernesto da Cunha Araújo Vianna and Ricardo Severo about the traditional forms of architecture had evolved since the 1920s into an influent neocolonial movement.[21] In it, along with the malaise towards the *beaux-arts* tradition, a rejection emerged against all supposedly cosmopolitan architectural expression – European avant-gardes included –, in the name of the creation of a native and independent image of architecture. If its commandments do include modern values associated with the truth of materials, decorative frugality and ideals of comfort,[22] what was clearly prevalent among the neocolonialists was the patriotic yearning for an architecture "of ours", at once anti-academic and anti-modernist.

There should and must be among us a style of our own; call it colonial, traditional, regional, national, or whatever name catches the critics' fancy. This style must be, as is the case everywhere, a consequence of our climate, our culture, our temperament, in every manifestation, good and bad.[23]

It is common knowledge that this rationale would lead the National School of Fine Arts and the Brazilian Institute of Architects to sponsor design competitions topics that had been seldom considered up until that point, such as "A Brazilian home", in 1921, and "A Brazilian manor", in 1923, organized by the movement's leading ideologue, physician José Marianno Filho, then a professor at the Enba and the institution's dean by 1926. The competitions' impact would also bring him in 1924 to commission, on behalf of the Brazilian Fine Arts Society, which he chaired, a series of trips to old colonial towns in the state of Minas Gerais to collect the historical sources and lessons needed to "form Brazil's future architecture".[24]

This is not the place to recreate the contents of the neocolonial movement nor its rationale. It is enough to emphasize the distance separating its view of what was national – heavily marked by evolutionary determinism and a figurative mimesis – from what would years later become recognized as "Brazilian" in modern architecture.

Indeed, not even spaces more or less accessible to the architectural avant-gardes, such as the Modern Art Week of 1922 in São Paulo, the Northeastern Regionalist Congress in Recife, in 1926, and the 4th Pan-American Congress of Architects held in Rio de Janeiro in 1930, were able to clearly affirm the break with that aesthetic-ideological field of a national essence, but dismissed, softened, or even challenged every new expression of internationalism. Nor would some of the future greats of modern Brazilian architecture, such as Lúcio Costa, Carlos Leão, Affonso Eduardo Reidy, Marcelo Roberto, Gerson Pompeu Pinheiro and more, be able in their early work to evade the ideas that prevailed among the earlier generation of professionals. For all of them, we lacked a Brazilian architecture because we were not yet formed as a people. For us to discover ourselves as such, Lúcio Costa thought, we had to retrace "our steps, that is, go back to the past, to colonial Brazil". Only thus we might achieve "an architecture that is logically our own",[25] in a sort of rediscovery of the essence lost in the march of time, "the true spirit of our people. The spirit that formed this type of nationality that ours is".[26] As Archimedes Memória insisted, there had to be a struggle "for a style of our own, one that is truly national, that says something about us, about what is ours, about our character, our nature, our history, our temperament, our uses and customs, one, in sum, that characterizes our epoch".[27] It was as if the spirit of time then pointed to the spirit of the people, or rather, that of the nation. And not only in Brazil. One among several to see it this way was José Wasth Rodrigues, who emphasized the importance of studying colonial architecture in those years: "I am doing nothing other than following a movement that seems to me to be universal. Regionalism is a consequence of excessive cosmopolitanism".[28] Therefore, in between the 1920s and the mid-1930s, very few architects were able to avoid the ethnocentric praise of region, race and tradition as the primary source of a potential Brazilian architecture.

Even an architect above any suspicion of nationalism or racism, such as Ukrainian Jew Gregori Warchavchik, insisted, in his early years of activity in Brazil, on the need to adapt every work of architecture to the local climate and customs.[29] It was as if the very transit through modern architecture required a complacent, or at least an evasive attitude towards the prevalent nationalist discourses. There, perhaps, was the source of the huge openness and fluctuation of repertoires that stood as alternatives to academicism, to neocolonialism and its variants, drawing close now to art deco, now to cubism, futurism or expressionism; now to Loos or Wright, now to Bauhaus or Le Corbusier; now to stylizations of the rational, now directly to the avant-gardes in Italy, the Soviet Union, the Netherlands, Central Europe, etc. From one architect to another, from one building to another, references and challenges seemed to vary significantly. The work of architects like Warchavchik, Rino Levi, Flávio de Carvalho, Jaime da Silva Telles, Oswaldo Bratke, Atílio Corrêa Lima, Nestor de Figueiredo, Lúcio Costa, Alexandre Altberg, Affonso Eduardo Reidy, Gerson Pompeu Pinheiro, Eugênio Sigaud, Paulo de Camargo e Almeida, Alcides da Rocha Miranda, Raul Penna Firme, João Antonio Monteiro Neto, Fernando Corona, Diógenes Rebouças, Georges Munier, Fernando Almeida, João Corrêa Lima, Alexandre Buddeus, Abelardo de Souza, Jorge Moreira, Álvaro Vital Brazil, Luiz Nunes and so many more, is illustrative of the generation's scattered attitudes before the lack of agreement between technique and taste, architecture and society, and not just in the light of the great diversity and mix of references that mark, in Brazil, the early years of approach to a more internationally articulated architectural production.

Even Warchavchik himself, who from 1925 to 1932 had become the closest to a pioneer of architectural modernism in Brazil, the leading interlocutor of his European contemporaries ever since Le Corbusier's visit to Brazil in 1929 and whose work is the best example of the anxious fluctuation that pervaded the period's avant-garde production, insisted in the multiple matrices of the novel architectural idea:

> First came France: the great Corbusier, Tony Garnier, the Perret brothers, Freyssinet, followed by countless and enthusiastic acolytes. In Germany, Gropius founded the Bauhaus, a model-school for architecture and applied arts. The new German school features countless architects. Let us just mention Poelzig, Taut and Mendelsohn. In Russia, names are barely mentioned. The art has become so popular that its elder form no longer exists. The phenomenon of Gothic times is renewed, where the individual disappears into the collective, so powerful is the idea. In Austria, Hoffmann, Behrens, Loos and many more. In Italy, Alberto Sartoris and C. E. Rava. In the Netherlands, Van de Velde, Doesburg and more. In Hungary, Forbat, Molnar, Breuer etc. In Denmark, Linbey, Holm. In the United States, Frank Lloyd Wright, Waid. In Persia, Guevrekian.[30]

This multiplicity bore witness to the international strength of architectural and constructive experiments and revealed the wide range of available alternatives to the "routines of the past". Many of them, in fact, perceived the contradiction in which traditionalists fell during that "transitional" phase, no matter how "imprecise and more or less lengthy"[31] it was: on the one hand, because the great periods in history were precisely those in which architects were capable to overcome inherited traditions, instead of passively contemplating them; on the other, because in an American country like Brazil there would be no great traditions to contemplate, but rather "a life to live, conquests to achieve, beauties to dream up and discover".[32] For Warchavchik, Brazilians would have to face the new epoch, breaking away from the colonial and racist cultural models of the past.[33] For Costa, the stalemate was universal, and even where outstanding works such as those of Gropius and Mies laid bare the suicide on which the German bourgeoisie was bent, one could also see the prevalence of "racist nationalism" under the veneer of *Kultur*.[34] After all, if there were "small regional and ethnic molds" that left more or less perceptible marks, as a critic from Rio Grande do Sul believed, "the background of the work, its spirit, was the same for all peoples".[35] After all, even in European countries, the poison of tradition appeared to have been vanquished as art began to express a "universal collectivity".

> This is not to say that these converging stimuli will fully standardize homes around the world. Because with the same universal principles, adapted to each region, each people, each nationality, there will certainly emerge distinctions that cannot be predicted right now, but that will certainly provide the essence of 20th century's unity of style.[36]

By showing his sensitivity to nationalization demands – which were in fact very dear to the overall Brazilian modernist movement at the time – and in tune with the belief in a universal Zeitgeist, Warchavchik did not dismiss local peculiarities. These, however, would soon prove to be of a fundamentally different order. They were less connected to racial, cultural or national atavisms than to material and social constraints, that is, to the domestically accessible construction methods and materials, the sluggish local industrial development, the local limitations affecting workforce and clients, as well the mismatch between invested capital and the buildings' "commodity value". Motives, therefore, linked with the new architecture. In the report that he sent, at Giedion's invitation, to the 1930 International Congress for Modern Architecture held in Brussels, we may read:

> The work of modern architects in South America (and therefore also in Brazil) has become quite difficult because cement, iron and glass, being imported, significantly increase the price of construction. Manufacturers in still underdeveloped countries do not provide us with the equipment, nor the fixtures, the coatings, the paints, the plates and other wall-covering materials, nor the indispensable insulating materials. Even so, we have everywhere and in large quantities, at least in Brazil, beautiful bricks and splendid hardwoods. (…) It would make no sense to try to impose the expensive industrial materials on a country where modern architecture will win over the public more for its economic benefits than for its aesthetic qualities.[37]

Faced with production constraints and the peculiarities of commissions, modern Brazilian architects had no choice but to adapt the lessons of the avant-garde to the local reality, serving as engineers, master craftsmen and builders all at once. After all, in a society such as Brazil's, not even the development of manufacturing and modern techniques could ensure a more significant change in the social role of architects. This is what Lúcio Costa, then a partner at Warchavchik's firm, pointed out in 1932:

> There is no surplus production, it is just that the number of people capable of purchasing what material comfort requires is minimal. This imbalance expressively shows how the industrial reality we have reached is completely out of touch with the social reality in which we live. Indeed, if manufacturing companies can produce at ever-growing quantities and quality, why would they not? If the farmland is equipped to produce plenty at lower prices, why prevent it? Whose fault is it: of the capabilities of man, who can do but does not, or of the economic regime's which is content and lacks will?[38]

Therefore, faced with the fundamental laws of supply and demand, or even with the more general process of division of labor and alienation, neither the social project, nor the revolutionary techniques, nor even the poetics of modern architecture could flourish. Unless it observed what was beginning to emerge as the "Brazilian reality". It was no longer (and not yet) about – in the neocolonial or modern manner – investigating an architectural style capable of representing such a national identity, but about mobilizing the field of possibilities laid open by the modern constructive rationale to architecturally address the material circumstances peculiar to the country's modernization process.[39]

One must not believe that what was as stake was the reduction of architecture to its instrumental dimension; instead, it was about reshaping the modern project's scope of action. Even as the new architecture started to extend beyond the discipline's traditional professional space by encompassing public works, urbanism, landscaping and industrial design, and overcoming the antithesis between localist essentialism and superficial cosmopolitanism, a new synthesis emerged, one of technique and form, of objective values and cultural expressiveness, of internal laws and means of expression, of ends and meaning towards a functional tectonics that could not be reduced to either utilitarianism or the mimesis of the machine. In many ways, this was perhaps what was also at stake in Brazil: the search for a dynamic balance between constructive and organizational functions on the one hand and the prosaic or mysterious, methodical or inventive dimensions of architectural labor, on the other; the search for an objectivity capable of projecting upon the local productive base a new plastic spatiality, one that expressed the great challenges facing the country's social and cultural modernization.

It is only along these lines – I insist – that one sees emerge among Brazil's early modern architects a concern with national peculiarities. Starting from a generic understanding of urban and social evolution as a unifying, irreversible and universal process, a case for conformity between the new technique and the formalization process would not only lead, as they thought, architecture to reconcile with the age, but the country to take a new step forward in the scale of universal civilization.

It was therefore about a different kind of nationalism, one at once more realistic and more ambitious, in line with the early days of Getúlio Vargas's rule. Indeed, even as nationalism oscillated between patriotic provincialism, conservative authoritarianism and aspirations for autonomy,[40] the revolutionary mindset that over the course of the previous decade had been cultivated in literature, the visual arts and thinking appeared to migrate from aesthetic matters to the ideological field, economically and socially engaged.[41] And even as the old order was coming to an end, the modernist movement – as Mario de Andrade pointed out – seemed to enter a constructive phase – in his words, a "calmer, more modest and ordinary, more proletarian phase" than the Modern Art Week's incendiary, destructive moment.[42] In this new phase, emphasis on matters of language seemed to be replaced by a cultural project at whose core lay the bond between art and national modernization.

Not by chance, it was also in that period that a new pattern of commission began to spread among modern architects: moving from the typical support of certain segments of the regional oligarchies towards state sponsorship and the potential real-estate market, heated up at the time by the increasing pace of urbanization and public investments in planning, infrastructure, civil construction, welfare and, soon thereafter, low-income housing. They, the modern architects, then seemed not only better prepared to address those challenges, but also increasingly dedicated to taking them up as a part of their professional purview.

The National School of Fine Arts' educational reform in the early days of the Vargas regime, although short-lived, thus has much to do with this change in the self-image of architects: both through the rejection of the established formalistic character, the expansion of the scope of architectural knowledge, and the attempt to redefine their ties with civil engineer and building activities. Indeed, the rearrangements implemented there at the time – in terms of subjects, didactics, repertoires and faculty –, however much they capitulated to institutional traditions or quickly reverted to the prior stage, did in fact appear to students and practitioners as a pledge of reconnection between the technical and aesthetic spheres of training and, therefore, between architects and engineers, which was regarded as an absolute requirement for the subject's modernization. Architecture students at the time, such as Abelardo de Souza and Alcides da Rocha Miranda, left eloquent testimonials about the impact of the process on the profession from that point onwards, despite the quick dismissal of the Enba's young dean.[43] Even Lúcio Costa, who did not hide his enthusiasm about the new generation of civil engineers who were graduating at the same time in Rio de Janeiro, was its main interpreter, emphasizing the emergence, between 1931 and 1935, of a group of "professionals equally interested in renovating architectural techniques and expression".[44]

True, the professional environment in Rio goes far beyond the "purist sanctuary" to which Costa alludes, but mobilizing that new generation of professionals appears to have lent the Brazilian capital city the role of a source of momentum for a national process of breaking away from the *beaux-arts* training model, of updating in the face of contemporary technical and aesthetic innovations, and of the formulation of a new social meaning for architecture.[45] And not just because the National School then attracted students and exported professionals from and to all of Brazil, but also certainly because the pedagogical reform there had coincided with a period of increased institutionalization of the arts and culture as a whole, of greater ideological struggle, of the emergence of new and influent socio-historical interpretations of Brazil, and of a marked tendency towards the country's cultural interpenetration. All that remained was finding out how far the process taken place in Rio would be able to formulate a new synthesis of the modern and the national in architecture, a modern architecture that could be assumed as "ours", Brazilian, *sui generis*, unified and finished, or better yet, magnificently unfinished.

MODERNISM'S VANISHING POINT

In many senses, this helps to understand Luiz Nunes's work in Pernambuco state. He graduated from Enba in 1933, where he had been president of the students' league at the time of the strike following the dismissal of Lúcio Costa. After graduation, Nunes moved to Recife in 1934, having been hired by Governor Carlos de Lima Cavalcanti's administration to take over the architectural projects of the state's Transit and Public Works Bureau. In mid-1935, the Minas Gerais native architect was put in charge of the recently created Architecture and Construction Directorate (DAC), which was responsible for projects and works such as hospitals, schools, police precincts, gymnasiums, food supply depots, public squares and gardens. In each case, he seemed to be concerned with setting standards "based on a constant and systematic selection process".[46] Nunes remained at the head of the DAC until the political crisis that came in the wake of the communist uprisings of 1935. In December, he was pressed to step down, and then returned to Rio de Janeiro. In a retrospective view of early 1936, at the time of his removal, Nunes himself evoked the modernizing sense of his institutional engagement:

> Construction standards in northern Brazil are low not just because of the scarcity of resources, but also because of the disinterest and ineptitude of those active in the field; therefore, a bureau organized according to proper standards might very well provide the state with good buildings, exerting a direct influence on the entire region for a complete review of old and deficient construction processes that are still in use, and for a better instruction regarding poorly assimilated and poorly understood innovations.[47]

The government would not lack "means and resources": it could form a technical team of experienced practitioners, import materials with significant tax exemptions, make rational use of the potential labor from state workshops, arts and crafts schools and prisons, and thus obtain "a vast field for organized industrialization that would directly support increased workers' wages and better training for those engaged at schools and workshops". By centralizing public architecture and construction services, avoiding open biddings, one might ultimately introduce new procedures, standardize elements, ensuring the unicity of buildings.

> In a poor environment, the government's ability to build well and at a low cost, improving local conditions, educating, developing, selecting, researching and standardizing, would be a technical and social achievement of such importance that it would justify all sacrifices, even if it challenged mean passions, vain competition, and unspeakable interests that neutralize and corrode everything.[48]

Innovation, research, standardization, improvement, savings, technical and social achievements, such are the words that Luiz Nunes uses to plan his actions in Pernambuco. It is worth emphasizing the strengthening of the architect's technical role in pursuit of rational solutions consistent with the political actions of the public works manager in the making of institutions, in the formation of teams of professionals and laborers, in the creation of legal and administrative means to execute and maintain building sites, in the articulation of efforts with other institutions towards more profound societal change.

In mid-1936, Nunes returned to Pernambuco to head the recently formed Architecture and Urbanism Bureau (DAU), which had replaced the former DAC. The goal then was to expand and standardize the former program, but also to bring public architectural works closer to local advances in planning and urban renovation, which were gaining popular and professional relevance in Recife (the state capital) and towns in the countryside.[49] Over the years, close to 80 projects were designed and tens of sites were actually built, mostly connected to health, education, public safety, sanitation and leisure functions.[50] It is no accident that Luiz Nunes's team included professionals who would soon stand out in their respective domains: Fernando Saturnino de Brito, João Corrêa Lima and Gauss Estelita, in architecture; Joaquim Cardozo and Ayrton Carvalho, in engineering and theory; Roberto Burle Marx, in landscape architecture; and Antonio Bezerra Baltar, in planning.

True, neither his professional profile nor the practical-political effects of the initiative were entirely exceptional in Brazil at the time. Contemporary situations such as the construction of public schools entrusted to Enéas Silva in Rio de Janeiro and José Maria da Silva Neves in São Paulo, national public equipment networks like the postal service's offices, the works that enabled the transfer of the state capital of Goiás, as well as, a few years later, many of the housing developments conducted by Retirement and Pensions Institutes around the country, illustrate a trend towards public architecture modernization in the 1930s and '40s. But the experience in the state of Pernambuco stands apart for how the creation of a political and institutional action space for architects joined forces with a highly ambitious construction and design research project, including skillful appropriations of ideas from Gropius, Loos, Perret, Le Corbusier, etc., and original responses in terms of standardization, modulation, work flow, detailing and comfort.

The design of the **Necropsy Hall**, which has since 1978 housed the headquarters of the Pernambuco chapter of the Brazilian Architects Institute, became one of the main icons of the synthesis of aesthetic, functional and constructive concerns within the bureau. It was designed by Luiz Nunes and erected by the DAU in 1937 – in fact, it was a second version for the equipment, replacing a design that Fernando Saturnino de Brito had completed in the previous year. It was intended to meet a demand for an appropriate hall for autopsies and necropsies for the Recife Medical School, a neocolonial building next-door that had been built ten years before.

Nunes's design responds to the challenge in a way that is at once erudite and pragmatic, mobilizing the purist repertoire of the five points of architecture to address a non-residential uses program. Thus, the independence between structural and closure elements, the free plan and free façade schemes, and the design of the openings and frames would be adapted to each of the uses of the building: reception, anatomopathological examination and corpse preservation, and an apartment for the resident physician, to be distributed respectively across the ground level/pilotis, the main floor, and the terrace garden, in line with each use's requirements in terms of space, horizontal and vertical circulation, natural ventilation and lighting. In this sense, the use of reinforced concrete in the circular cross-section pillars and mushroom slabs, in the staircase and in the freight elevator, as well as the original application of the *cobogó* vented bricks – so greatly emphasized in publications and pictures of the building over the decades –, which also emerged as an efficient solution in terms of spatial economy, hygiene, comfort and convenience.

Clearly, what sets this design apart from the bureau's overall portfolio is its formal rigor, which connects to Le Corbusier's Savoye and Stein-De Monzie villas. The building is treated as an isolated block, not exactly as an annex, and faces the street as if indifferent to the main body of the school by its side. And, in spite of the modest scale, there is something monumental about it that stands out in the interplay of pure volumes, flat and curved planes, closures and openings, the vertical lines of the pillars visible from the outside and the horizontal closure and opening structures. This monumental nature is seen as a precursor of what would later stand as modern Brazilian architecture and would not go unnoticed by the photographers' lenses, or specialized books and reviews, nor by heritage authority Iphan, which in 1998 inducted it into the prestigious *Livro de Tombo das Belas-Artes* (Fine Arts Heritage Book), clearing the way for the asset's first restoration project beginning in 2002.

Álvaro Vital Brazil and Adhemar Marinho graduated from Enba in the same class as Nunes. Unlike their classmate, they both remained mainly connected to the private promotion of architecture, which was also expanding across Brazil under the quickening pace of urbanization and reorganization of the civil construction complex. It is true that private sponsorship, like public commissions, remained at the time fundamentally driven by modern eclecticism and neoclassicism, which were highly appreciated in the international market for taste, or otherwise by proletarian, suburban or pragmatic picturesque, which were equally universal in terms of budgets, standards and styles. The bulk of constructions, on the other hand, continued to embrace the traditionally bourgeois brick masonry pattern, equally used by master builders, licensed masons, architects and engineers, and only in bigger sites, such as tall buildings, where reinforced concrete began to spread, could one find more sophisticated constructive standards.[51]

Regardless, in between the 1920s and '30s, in cities such as Rio de Janeiro, then Brazil's most populated, and São Paulo, which was growing at breakneck speed, a significant verticalization process can be seen. If the number of new buildings in the latter dropped from 5,500 to just over 3,000 from 1929 to 1930 as a result of the financial crisis and its consequences for the coffee economy, and did not exceed 1,500 units until 1932; starting in 1933, when the city first surpassed one million inhabitants, production resumed significant expansion, and returned to extremely high levels from 1937 onwards. As a result, more than 13 thousand new buildings went up in 1940, at a rate of almost six per hour, and more than 60 thousand people already lived in apartment buildings with more than three floors. This expansion clearly kept pace with the appreciation of urban land in the period, as well as with the rising price of rents, which directly affected the 80% of the population living in rented homes.[52] In this process, like the original downtown before it, the expanded center – where **Esther building** would be erected – would also undergo intense verticalization.

Clearly marked by the demands stemming from the growing local tertiary sector, the new, tall, buildings witnessed very significant constructive, typological and formal changes, echoing different tracks of modern architecture. Soon, residential use also spread to these new structures, until then characterized by commercial use as offices. In spite of the urban middle classes' resistance to adapt to the domesticity standards of collective housing, which was traditionally associated with tenements, some residential buildings designed between the late 1920s and the early 1930 by architects like Julio de Abreu, Rino Levi, Jacques Pilon and Oswaldo Bratke are good examples of this trend.

Indeed, contemporary architecture, which was increasingly connected to the city as a productive structure, certainly saw inconsistencies between architects' formal choices, real-estate interests, urban living standards, technological advances and building-site practices. Still, amid professional concessions, the architect's position in the overall construction process was changing radically with the advent of new construction methods, brokers and promoters, and production and consumption financing models, which enabled them to affirm their status as a separate class of producers of symbolic goods specifically intended for the real estate market.

It was within this framework of production that plans began for the Esther building in 1934 – in the same year that Vital Brazil and Marinho set up a joint studio in Rio de Janeiro. Until 1936, their firm would produce a series of residential projects for the private sector, almost always referred on different avant-garde products from Gropius to Le Corbusier, from Russian constructivism to the new objectivity. In parallel, the duo of recently graduated architects were also conducting a project for 74 semi-detached houses in the district of Gamboa, Rio de Janeiro, along lines clearly drawn by their generation's restlessness.[53]

The Esther was designed in the context of a closed competition set up by its sponsors, the owners of the Esther Sugar Mill, in the countryside of Sao Paulo state. The purpose was to house the headquarters of Paulo de Almeida Nogueira's business conglomerate. But the family's investment in the extended center also connects to the property development scenario that was already giving signs of heating up after the Great Depression. As such, the commission provided for offices and apartments of various sizes. Having won the competition, developing and executing the project required Vital Brazil's move to São Paulo, leading to the dissolution of the partnership. The original plans were reformulated when construction began in 1936, and a few very important changes were made. Two of these are worth mentioning: the creation of a second block in the back after clearing a public passageway through the lot, and the installation, on the ground floor of both blocks, of a commercial level opening out onto the sidewalk. The solution retained much of the proposal submitted to the contest – this, in fact, was stressed by both architects in an article they published in the first issue of *Acrópole* review, soon after the building was completed:

> Therefore, we may summarize the program as follows: a) a building for rent; b) eleven floors, three with offices specifically intended for physicians and dentists, and the others for apartments of varied kinds, a ground-floor level for commerce, and finally an underground level for parking and a restaurant; c) 18.5 [meters] by 40 [meters] lot; d) overall budget: 5,500 *contos de réis*; e) maximum internal flexibility to enable potential changes in the apartment types, as well as their conversion into offices.[54]

The development's technical rigor and its programmatic and budgetary concern are clear, in a context in which high-rise buildings appeared promising for investment, but still full of uncertainties surrounding the course of urbanization and the several changes related to lifestyle, domesticity and workspace. Clear indications of this are the building's mixed use; the introduction of communal maintenance, housekeeping and room-service facilities, and of five independent elevator towers; the flexibility of the floor plans, and the variety of types, from apartments without kitchens, like those in hotels, to duplexes, from kitchenettes to penthouses; the luxurious foyer in green marble with chromed metal light fixtures, copper handrails, the sugar mill's trademark on stained glass windows, on the walls, floors and elevator doors. However, beyond the site plan, the program and decoration that were among the most original of the day, the building's most striking feature is certainly the purity of the volumetric solution provided by the large regular block, coolly finished with geometric façade cutoffs like the horizontal window bands, the vertical bosses of the apartment balconies, and the glass half-cylinders stairwells down the narrower façades. The scheme is particularly noticeable in the façade lighting test photograph that the owners demanded, and would be immortalized ever since Leon Liberman's early shots for the site's advertisements, in 1938. This scheme still sets the building apart from República square's now fully verticalized skyline. After all, although the building has been degraded by the passage of time and incompetent renovations and restorations, discussions about its preservation began in 1975, leading to the heritage status of its outer appearance by the city and the state of São Paulo in 1984 and 1990, respectively.[55]

TOWARDS AN INNER LANDSCAPE

The 1930s witnessed a crucial change in the geography of the avant-gardes in Brazil. Amid a more general process of power redistribution between the old regional oligarchies and the rising bourgeoisie and new middle-classes, the axis of artistic innovation shifted from São Paulo's insulated circles and salons to the State's cultural apparatus settled in Rio de Janeiro. As national capital, in addition to concentrating a range of public culture-related institutions and functions (ministries, higher education institutions, academies, professional associations, etc.), the city played a key role in attracting intellectuals and artists from all around the country. While this strengthened the bonds between culture and politics, it also markedly facilitated and magnified the nationalization of styles and values.[56]

Even if we were to disregard aesthetic, conceptual and disciplinary breakthroughs that took place in Rio since then, the phenomenon helps to understand why local and apparently ephemeral events – like Le Corbusier's conferences there in 1929, Lúcio Costa's period at the head of the Enba, the National Fine Arts Exhibition of 1931, or the Tropical Architecture Show of 1933 – far more than the designs and buildings of this or that architect, or the resolute engagement of São Paulo modern artists and architects in previous years, had lasting impact and nationwide reach as events unfolded.[57]

It is common knowledge that around 1935 – and around Lúcio Costa –, Rio's architectural production began to stand out nationally as particularly representative of the Vargas period. It is no accident that Luiz Nunes, Vital Brazil and Adhemar Marinho were trained there. Next to them was an even more prolific array of careers and accomplishments.[58] The prominence of architects like Oscar Niemeyer, Roberto Burle Marx, Affonso Eduardo Reidy, Atílio Corrêa Lima, the Roberto brothers, Carlos Frederico Ferreira, Jorge Moreira, to name only a few, and of buildings like the Ministry of Education and Health's headquarters, the Obra do Berço, the Coelho Neto elementary school, the Seaplane Station, the Santos Dumont airport, the Brazilian Press Association headquarters, the Reinsurance Institute, the Realengo housing project, the Antônio Cepas building, all in Rio de Janeiro, cannot be understood outside of this framework. The process was multifaceted, given the institutional differences and disputes to which it connects and the regional variations it referred to. But it was in the national capital that, for the first time, reference to modern architecture not only coincided with the profession's redefinition, but was also able to develop a paradigmatic image in terms of national expression.

Ever since the 1920s, architects had been organizing professionally in that city. If at first they focused on efforts for recognition in the labor market and before the State, including in domains until then distant from their practice, such as urbanism and housing, over the years they strengthened the case for a national architectural style. With the consolidation of the Brazilian Architects Institute (IAB), in Rio de Janeiro in 1934, the corporation would finally embrace an agenda closer to the modern movement. One year before, amid official efforts to regulate urban labor and for State organization of higher-education system, the Federal Board of Engineering, Architecture and Surveying, which, through its state-level chapters, finally laid out a stable and nationally relevant system for the division of expertise across architects, architect-engineers and civil engineers, controlling, among other factors, professional accreditation and competition in the field of design and construction, restricting the local activities of foreign-trained professionals, licensees, practitioners and builders. It is symptomatic that the same period also saw the appearance in Rio de Janeiro of a significant number of periodicals that were openly aligned with the modern movement, such as avant-garde reviews *Movimento Brasileiro*, *Forma* and *Base*, in the late 1920s and early '30s, the *Revista da Diretoria de Engenharia* published by the Federal District's Government, in 1932; the *Revista de Arquitetura*, by the students at Enba, in 1934; and *Arquitetura e Urbanismo*, an IAB organ, in 1936.[59]

Indeed, since then, Rio's architects' production would operate as a sort of national center of gravity, with the following general interpretation becoming prevalent: like avant-garde artists and writers in the 1920s, architects openly aligned with modernism in that period, such as Gregori Warchavchik, Flávio de Carvalho and Rino Levi, never went past the stage of a manifesto, of a theoretical combat, with exceptional buildings and a very limited clientele; even as they seemed unable to assemble or rely on a well-rounded architectural system, they also seemed not to have formulated a nationally expressive image for modern architecture. In them, as in a significant portion of pre-1937 avant-garde production, the prevalence of individual personalities and circumstances, with its attitude of a manifesto or a parody, and sporadic, or even erratic, accomplishments, supported either by the odd sponsorship from local governments, the idiosyncrasies of a highly exclusive private clientele, or the real-estate market's pragmatic flows, were in stark contrast with the generation that came immediately after, trained in Rio, often absorbed by the State, united under professional associations, and driven by a far more regular circuit of exchanges, information and commissions.[60]

It was no accident that, in that approximate period, a new inflow of the international modern movement into Brazil began to articulate. As early as 1934, Warchavchik himself – up until then the main interlocutor in Brazil of the International Congresses for Modern Architecture – insisted in the name of Costa, next to other architects active in Rio, such as Alcides da Rocha Miranda, João Lourenço, Affonso Eduardo Reidy, Gerson Pompeu Pinheiro and Alexandre Altberg, as members of the International Committee for the Realization of Contemporary Architectural Problems (Cirpac).[61] A few years later, faced with the accomplishments in Rio after Le Corbusier's second visit to Brazil, the Ukraine native pioneer appeared to find full legitimacy in the appointment of new local leaderships for the global network that had been formed. Giedion sounded out Lúcio Costa himself to lead the consolidation of the Brazilian chapter within the entity: "I have received Giedion's letter. I don't think that it will be easy to bring the initiative to term; in any case, since the ship has sailed, I will try to organize a homogeneous group and pass on the baton to friends".[62] With the war and the temporary interruption of the CIAMs, the Brazilian chapter's reorganization would only occur in 1945 and, not by chance, it was now entirely made up of practitioners based in Rio, under Niemeyer's leadership.[63]

Two buildings are iconic of the centrality that the Rio group and its perspective towards the nation earned at the time: the headquarters of the recently created **Ministry of Education and Public Health in Rio de Janeiro** and the **Brazilian Pavilion in the New York World's Fair**. Not only because they were the fruit of highly competitive open contests, nor even simply because they gathered around Lúcio Costa some of the leading forces of the architectural innovation then underway and found massive repercussion in specialized and mainstream press, both domestic and foreign. But because they catalyzed trends and energies, that had thus far remained disperse, into a powerful formal synthesis.

The end product of a nationwide competition held by the Ministry of Labor, Industry and Commerce in 1937, Lúcio Costa and Oscar Niemeyer's final plans for the Pavilion aimed to at once meet the demand for national representation inherent to the commission and to respond to the Fair's overall theme, "The world of tomorrow". A distancing from the usual references to Portuguese-Brazilian, colonial and Native-Brazilian traits in similar occasions was to be assured by an original approach to modernism. If loans from Le Corbusier's work are evident, such as the apparent structural frame, the use of pilotis, of free and open floor plan and façade, of multi-level articulated floors, or of the architectural *promenade* therein, the building quickly generated much enthusiasm for its innovative contents. Despite being an ephemeral construction intended to showcase national works of art, commodities and information from April 1939 to October 1940, the pavilion summarizes a series of devices whose formulation was just coming up: emphasis on the horizontal lines, with a loose design of floor and cover slab, mezzanines and marquees, ramps and staircases; formal counterpoints between lines, planes and volumes, between smooth curves and right angles; the continuity between the inside and the outside thanks to the skillful use of an independent structure, of expansive glass sheets, of free plans and circulation flows, extending into gardens and open patios; the appreciation of shading elements, with unusually shaped *brises-soleil* and *cobogó* vented bricks; the refined finishing and the use of integrated artwork, including landscape and furniture design; as well as the appeal to painting, sculpture, mosaics, tapestry, etc.

The building's innovative aspect and careful negotiation between modernity and Brazilianness were quickly acclaimed by international critics, earning enthusiastic reviews in prestigious periodicals like *Architectural Record*, *Architectural Forum*, *Architectural Review*, *Architects and Builders Journal*, *Casabella* and *Architettura*, becoming a topic of relevance in architecture symposia held in those years in New York, Boston, Mexico and London.[64]

The fact is that this potential for reconciliation had been formulated since the 1920s in Brazilian modern art, and became consolidated with the Vargas administration's cultural policy. Even the National Historic and Artistic Heritage Service (SPHAN), formed in 1937, distinguished itself for its unique association between unique Brazilian traits and their pertinence within Western civilization, for the engagement of a significant share of modern intellectuals – such as Rodrigo Melo Franco de Andrade, Mário de Andrade, Manuel Bandeira, Sérgio Buarque de Holanda, Prudente de Moraes Neto, Carlos Drummond de Andrade, Gilberto Freyre, Joaquim Cardozo and Luis Saia – and for the leading role that modern architects played in preserving the national heritage.[65]

In this way, heritage-related practice, even as it opened up to the architects' labor market, also had lasting impacts on contemporary forms of expression. Lúcio Costa himself, a career official at the entity, and director of the Studies and Heritage Status Division from 1937 to 1972, was its main interpreter, fixing onto the SPHAN's ethics and aesthetics the notion that awareness of the past did not matter simply from the point of view of preservation, but was also important for making its lessons (and even its mistakes) known to "us other modern architects".[66] According to him, the plastic simplicity and the constructive quality of works from the 16th, 17th and 18th centuries had many lessons to teach to contemporary production. In fact, when read as a counterpoint to his article "Documentação Necessária" (Required documentation), his 1936 "Razões da

Nova Arquitetura" (New architecture's reasons) clearly states the doctrinaire fundamentals at play:

> The new architecture, in its most characteristic examples – whose clarity and objectivity have nothing to do with Northern mysticism – embraces the purest Mediterranean traditions, the same reason as the Greeks' and Romans', the reason that attempted rebirth in the *quattrocento* to soon thereafter fail under the artifices of academic makeup – and only now resurfaces with unpredicted and refreshed vigor.[67]

By giving up affiliation of modern architecture to Slavic or Germanic matrices in favor of a long vernacular tradition from the Mediterranean and by insisting in its compatibility with contemporary constructive and artistic processes, Costa cleared the way for integrating the Iberian colonial heritage with technical, aesthetic and social modernity. At the peak of a crisis in international capitalism, a moment of rising nationalism and totalitarianism in the Old Continent and a diaspora of European modernists across the globe in the 1930s, the new technique, awaiting the new society to which it should logically belong, would then find peace with local traits. The operation, which Brazilian modernists had early on anticipated in the domains of the arts and literature, and in the pioneering works of Warchavchik, was now reunited, in the younger generation of Rio-trained architects, with an open field for formal freedom through the articulation between the new functions of construction, the belief in the democratic virtues of mass production, and the sensitive contact with national nature and history. The formative scheme of modern Brazilian architecture was as follows:

> Tradition without traditionalism, modern without "modernism": the quote marks no longer needed, as a momentous rediscovery of Brazil was under way in the light of a modern view that would problematize established bourgeois taste – like the standard-bearing "modernists", minus the noise, and with far more construction. Indeed an exemplary formative tale.[68]

Brazil Builds, without a question the first systematic survey of the modern architecture produced in Brazil until then, dove deep into the assumption of a peculiar path, a "Brazilian style" in this respect; particularly in Rio de Janeiro, thanks to the clash between the work of Le Corbusier and the tropical climate and national heritage.[69] By minimizing the works of Warchavchik, Rino Levi and Flávio de Carvalho, Philip Goodwin's exhibition and catalog made a decisive contribution to the canonical status of this design track and its corresponding historiographic plot. Since then, its starting point has become definitively associated with the Brazilian Pavilion in New York, as well as with the Ministry of Education and Public Health in Rio and the Pampulha complex in Belo Horizonte.[70] Lúcio Costa soon improved upon the notion to explain the role of Corbusier's local disciples:

> The *a priori* attitudes of official modernism, whose strict protocols they ignored, never seduced them. They became modern by chance, concerned only with reconciling art and technique, and with giving men in general the wholesome, comfortable, dignified and beautiful life that, in principle, the Machine Age can technically enable. The Brazilian Press Association headquarters, by Marcelo and Milton Roberto, the Obra do Berço, by Oscar Niemeyer Soares, and the Passenger Station, originally intended for seaplanes, by Renato Soeiro, Jorge Ferreira, Estrella and Mesquita, associated with Atílio Corrêa Lima, (...) buildings designed and built during the lengthy and difficult execution of the Ministry of Education and Health, already unequivocally state the high level of awareness, capability and aptitude attained at the time.[71]

True, the Ministry of Education and Health would directly involve Le Corbusier. The French-Swiss architect landed in Rio less than one year after the announcement of the controversial competition held for the purpose in 1935 – the first in a series of nationwide competitions for the construction of public buildings –, where the winning design, by Archimedes Memória, was not accepted by minister Gustavo Capanema.[72] Le Corbusier remained in town for four weeks to advise a group of architects led by Lúcio Costa, who had been personally asked by the minister to run the Ministry project thereafter. The team included architects whose proposals had been discarded in the first phase of the competition and included Niemeyer and Carlos Leão, who had worked for Costa and Warchavchik's studio in the early 1930s; Jorge Moreira and Affonso Reidy, who were then becoming prominent architects in town; and Ernani Vasconcellos, the youngest of all, a partner and cousin of Moreira's. In addition to the fact that their designs – all avant-garde committed, and some directly inspired in Le Corbusier's plans for the League of Nations and the Centrosoyuz – all showed clear affinity with one another, these professionals had graduated from the Enba in the first half of the decade and become close to Costa during his brief stint as dean there.

From that point onwards, the proposal was gradually transformed, shifting from the team's original U-shaped plans, enabled in part by changes in the Agache Plan's urban standards for the Esplanada do Castelo, to the solution suggested by the recently arrived foreign consultant: transferring the complex to a different site on Santa Luzia beach, where the building could be devised on a territorial scale, striking a dialog with both the planned university campus (also in its early design phase, by Le Corbusier) and the upcoming airport, on the one hand, and with the great nearby natural icons, the Guabanara Bay, the Sugarloaf and the Corcovado, on the other.

> He laid out on it a horizontal block two hundred meters wide and eight stories tall, entirely supported by four-meter tall pilotis. (...) The main volume was traversed by a smaller perpendicular axis placed asymmetrically and formed by the theater's low cupolaed trapeze on the north face, and the new exhibition hall, as requested by the minister, facing south.[73]

It stood as a benchmark for the architecture-city-nature system, but soon the idea was abandoned. A few days before Le Corbusier's return to France, Capanema asked him to adapt the solution to the original plot because of uncertainties securing the intended area. The schematic solution and the silence regarding functional and formal aspects of the building drove the third proposal to ostracism and even fragility compared to what the Brazilian team would develop after the advisor left. Roberto Segre examined in detail the many conditioners involving the building's execution, and described the uniqueness of the solution adopted in 1937, which he ascribes to Oscar Niemeyer, as follows:

> The lightness of the Ministry building is defined basically by the relationship between the two systems of pilotis – the main one, for the tall block, and the secondary one, for the exhibition hall – and the composition's two basic volumes. On one side, the tall slab is suspended on the rank of loose columns that extend to the side blocks, which are set back from the former's footprint, in the base's bipolar system; on the other side, the exhibition hall almost hangs from the thin columns that define the outer structural support. The attempt to eliminate the load image from the theater's trapeze, which rests on the ground, is achieved by means of this rank of columns that grabs it with a jutting glass band, enabling the events hall to communicate with the outside area. The office block, in its turn, lacks any formally, horizontally or vertically outstanding elements. With the glass façade as a continuous and homogeneous surface free from structural markings, and the fabric of the *brise* system's mashrabyia on the opposite face, this cancels out the perception of floors or the reiterated rhythm dictated by traditional windows. The entire set stands as an articulation of dematerialized, light and pure volumes that achieve a plastic balance whose monumental impression is gained through scale, long-range visibility and the interplay of light and shade.[74]

The building, as Segre noted, introduced an unprecedented spatiality that privileged its articulation with the urban surroundings, also mobilizing a novel monumentality that completely broke away from frontal axiality through the assembly of pure geometric prisms, isolated on the plot in such a manner as to be perceived in *raccourci*. This lent the complex a "certain drama and composition dynamics" that materialized a dissonant architectural fragment within the cityscape, one whose shape lacked a beginning or an end, an entrance or an exit, and whose worth as a monument was further enhanced by Burle Marx's meticulous landscaping and by the integration of the works of art outside and inside the building[75].

Over the more than eight years that it took to build the Ministry – from April 24, 1937, when the cornerstone was laid, to October 3, 1945, when it was officially unveiled –, the building gained a definitive place among Brazilian modern architecture's landmark sites. Internationally, through reviews, influential critique, architectural historiography, photographers' lenses, exhibitions like *Brazil Builds* itself, which was largely justified by the construction under way; and domestically, becoming a cult object and a frame of reference for every new generation of architects. Thus, much earlier than the appearance of a concerted policy for the preservation of Brazil's modern architecture heritage, architect Alcides da Rocha Miranda's expert opinion for the entity would recommend declaring it a heritage site for its status as the world's first monumental construction intended as a headquarters for public service, and erected in strict obeisance to the principles of modern architecture.

> It is common knowledge that the building's status, as a landmark of a new phase in the evolution of architecture, has been recognized in technical publications by the leading critics and experts in Europe and America. The site at hand is therefore highly important from the artistic and historic points of view and it is entirely convenient to place it under the protection of Decree-Law No. 25.[76]

Another building that was given early recognition as a national landmark was the Church of St. Francis in Pampulha, in 1947. As part of a larger complex commissioned from Oscar Niemeyer by Juscelino Kubitschek, then mayor of Belo Horizonte, the local clergy was displeased with the building and refused to consecrate it, acting brazenly to de-characterize it, and even threatening to demolish it to make room for a new one.[77] The heritage status thus came as a preemptive move on the part of the Nation State to turn the site into a canon, at a time when it had already gained "greater international impact than any other structure in Brazil".[78]

The **Pampulha complex**, made up of the casino (which became the Pampulha Art Museum in 1957), the Church of Saint Francis of Assisi, the Yacht Club, the Ball House and the Hotel (which was never built), was conceived as a tourism and recreation center intended for the wealthy classes on the banks of the reservoir formed in 1938 to hold back local flooding and support the city's water supply. Juscelino was sworn in 1940 and launched a process of seeking out alternatives for the area, culminating in an invitation to Niemeyer, to whom he had been introduced by fellow Belo Horizonte native Gustavo Capanema. Thus connected to the overall process of urbanization of the Minas Gerais state capital during the Vargas period and to the social and cultural practices that were emerging among the local elites at the time, the project – with structural engineering by Joaquim Cardozo, landscape design by Burle Marx and artworks by Candido Portinari, August Zamoyski, Tomás Santa Rosa, José Pedrosa, Alfredo Ceschiatti and more – is a direct descendant from the Ministry experience.

In Niemeyer's oeuvre, Pampulha marks his awareness of the plasticity inherent to reinforced concrete and, with it, a sculptural touch and a formal repertoire unique to the architect was formed to quickly become associated with the image itself of the Brazilian response to the impasses faced by international modern architecture during the war. The complex shows much of what Stamo Papadaki enthusiastically noted about the poetics of Niemeyer's pre-1950 work:

> Views carefully selected and framed, breezes trapped and channeled, spaces with their own interior horizons, providing the inhabitant something more than a minimum or "sufficient" living environment. While the functional or operational areas of his buildings are rigidly calculated, Niemeyer is able to conceive and justify the empirical space that creates distances, perspectives, islands of repose, necessary for a normal intercourse of human beings under the same roof. And his wandering, baroque inspired lines, becoming structural realities through the reinforced concrete frame, intermarry with the sinuous contours outlines of the small alluvial valleys and the enclosing high mountainous formations.[79]

More recently, the historiography of modern architecture has been referring to the Pampulha complex as the site where a particular attitude was launched. Lionello Puppi, for example, pointed out the novelty that the architect faced in the challenge of the "formal construction of the landscape", while Yves Bruand, who perceived the complex's unspoken links to the period's populist rule and contemporary extravagance and real-estate speculation, noted the new horizons that the site unveiled to plastic imagination, to lyricism, to the variety and ambiguity that the rigid rationalist lexicon had banished.[80] More comprehensive reviews of international production, too, have been reiterating this interpretation. Kenneth Frampton singled out Niemeyer's varied reinterpretations of Corbusian key concepts, such as the free plan and the *promenade*, which have since then been driven to unprecedented levels of fluidity and interpenetration, balance and vivaciousness, forming in Pampulha, in the words of Jean-Louis Cohen, a true "manifesto of a free and lyrical architecture".[81] By then, Brazilian architecture appeared to have reached full maturity. Even as argued decades before by Goodwin, for whom "the movement's completed evolution", to the surprise of "the rest of the world", appeared to have advanced with Brazilians "a few steps ahead".[82]

Local critics would soon find there a crucial inflection point to the understanding of modern Brazilian architecture. Joaquim Cardozo, for instance, pointed out as early as in the 1950s that the investment made in the problem of structure, both in terms of its principles of balance and on its formal aspect, even at the expense of traditional geometries and towards the aesthetic potentialities of new mathematical functions. Sophia Telles, in her turn, saw in the constitution of the columns of the Ball House a recurring attitude in Niemeyer's work of sublimating structural reinforcements that would subvert the tectonic calling in search of a strange lightness in reinforced concrete, of its plastic continuity made into the subject of inventive imagination. This would come to full fruition in Brasília. Danilo Macedo saw in it the birth of a new cycle in Brazilian architecture, after which structural experimentation took on an active role in the formation of a Brazilian architectural language. In the same direction, Lauro Cavalcanti, too, pointed out that the Pampulha complex marked "the birth of a cosmopolitan Brazilian language, far more than a mere adaptation of international principles to tropical airs".[83]

Next to such iconic public accomplishments as these, several private-sector buildings confirm the penetration of that language into the marketplace and average taste. This is the case of the **Nova Cintra, Bristol and Caledônia buildings**, a complex that Lúcio Costa designed in 1948 around the Guinle Park. A private area, the French-inspired gardens around the Guinle family's manor in Rio de Janeiro's Laranjeiras district were built in 1916. In 1941, Eduardo Guinle's heirs decided to sell the house to the federal government to become the Presidential residence and turn the adjoining park into a real-estate development in the shape of a luxury condominium of single-family houses. In the hands of Lúcio Costa, who had worked for the family between 1940 and 1944 on the design of Park Hotel São Clemente, in the town of Nova Friburgo, the project was converted into a complex of buildings of which only three were to be erected at first, respectively in 1948, 1950 and 1954. Built around the park and on pilotis – except for the Nova Cintra, which lay parallel to Gago Coutinho St. and was to have a row of stores facing the thoroughfare to provide a sort of buffer against the traffic – and with completely vented façades, the elongated, 8- and 9-floor buildings aimed to simultaneously ensure the greatest possible privacy and enable enjoyment of the surrounding scenery.

Opening onto the park before them, the ground floors were done as small semi-covered plazas, elevated from the natural hilly terrain, thanks to the use of different heights in each row of columns, and supplemented by artificial plateaus, fan-shaped staircases and winding intermediate slabs forming mezzanines. Some elements gained enormous success in the eyes of the project's critical fortune, like the cylindrical, glass-encased volumes of the helix stairwells in the back of the Nova Cintra, the varied apartment floor plans, which included two-level units as was the case in the Marseilles Unité – which was under construction at the time –, and the use of balconies in two (social and domestic) versions, traditional to Brazilian homes. Even more exuberant was the architect's solution for protection against sunlight, creating a modular fabric apart from the structure alongside the longitudinal façades for the meticulous distribution of highly varied shading elements, according to the use of the corresponding indoors areas: vertical *brises*, *cobogó* vented bricks, mashrabiyas, friezes of vented glass bricks, occasionally interspersed with windows – like Reidy did in Pedregulho, Delfim Amorim in the Santa Rita building, and so many more later examples –, forming fabrics of shade, colors, textures and materials of remarkable plastic effect.[84]

The complex won the best residential building design prize at the first International Architecture Exhibition of the São Paulo Biennial, in 1951, whose jury included Giedion, Mario Pani and Eduardo Kneese de Mello, to name a few. It was declared a landmark by Iphan in 1986, not only for its artistic and historic worth and its importance for the consolidation of modern Brazilian architecture, but also in recognition of author Lúcio Costa's remarkable contribution to Brazil's heritage culture and of the merger of traditional and modern architectural values that he preached.[85]

However, there are more discreet and yet eloquent expressions of the consolidation of such a particular modern architecture track in Brazil. It is symptomatic that, over the course of the 1940s and '50s, a growing number of modern homes directly connected to this design matrix would gain ground in taste and commissions. The **Walter Moreira Salles residence**, designed and built in Rio de Janeiro by Olavo Redig de Campos from 1948 to 1951, is clearly one case rich in unique features. Campos earned his degree in Rome in 1931 and soon took up an important role designing public sites for the Retirement and Pensions Institute of the Central do Brasil Railway Workers and, later, as the author of the Civic Center in Curitiba, the Paraná State Assembly and the Brazilian embassies in Washington, Lima and Buenos Aires. His work with the Ministry of Foreign Affairs began in 1947 and led to close connections to diplomatic circles. It was in this context that he built a home for ambassador and banker Moreira Salles in the Gávea district. Structured around a central patio that articulates with the swimming pool and the expansive Roberto Burle Marx gardens by means of an undulating marquee, the manor is marked by its skillful reconciliation of a residential program and grand receptions and entertainment functions. The family area was resolved in a single wing around the patio, which was strongly polarized for social uses, with a terrace, a living room, galleries, library, games and dining rooms and a reception hall. In addition to sophisticated finishing, the landscaping, which was recognized in the Second São Paulo Biennial, in 1953, rounds out the luxurious settings thanks to how it inserts walking lines and social zones into the natural scenery, relying on Burle Marx's specification of vegetation masses, floor materials and panels. Although the City of Rio de Janeiro only declared the property a provisional heritage site in 2006, together with a wider range of modernist buildings in the city, the restoration conducted at the turn of the century, when it was converted into the headquarters of the Moreira Salles Institute, guarantees the complex's excellent state of preservation.[86]

But it was not only in Rio de Janeiro – where architects from the same generation as Niemeyer and Campos were joined by young professionals graduating after the war, such as Sérgio Bernardes and Francisco Bolonha – that the track of the "Rio school" generated interest. Modern Brazilian architecture would extend to other states where architects trained at the recently created National School of Architecture in Rio worked, like Eduardo Corona, Helio Duarte, Acácio Gil Borsoi, Edgar Graeff, Lygia Fernandes, Ivan da Silva Britto and José Bina Fonyat, as well as a growing number of practitioners coming from other schools nationwide and abroad, such as Vilanova Artigas, Ícaro de Castro Mello, Oswaldo Correa Gonçalves, Ernesto de Carvalho Mange, Sylvio de Vasconcellos, Shakespeare Gomes, Eduardo Mendes Guimaraes, Carlos Fayet, Nelson Souza, Diógenes Rebouças, Delfim Amorim, Mário Russo, Arnaldo Paolielo, Rodolpho Ortenblad, David Libeskind and many more.

One remarkable example is the second **Vilanova Artigas residence**, designed by the architect himself in 1949, in the district of Campo Belo, São Paulo. Built next to his first residence, which dated from 1942, and admittedly Wrightian in inspiration, the house reiterates Artigas's growing closeness in the latter half of the decade with the recognized production from Rio de Janeiro. Spatial organization is rationally defined around the central hydraulic core, from which emerge the two butterfly-slab covers housing the private and social areas, the latter of which supplemented by the volume of the studio-library atop pilotis on the open terrace. With no hierarchy of treatment between the front and the back, the main and the social entrances, the building lets itself be taken over by volumetric interplay, by transparency and opaqueness, as well as by the graphic outline of the slabs and gables, and the didactic use of color in the structural and closure elements. It is symptomatic that, while deftly handling Niemeyer's experiments with concrete, glass, butterfly slabs and pilotis, the São Paulo architect was able to revisit the domestic scheme in the light of Brazilian relationships and antinomies between architecture and the city.[87]

If such design experiments were not always entirely faithful to the same framework of reference,[88] if the local establishment of foreign or foreign-trained architects often fed into different coordinates of design work,[89] if even in Rio de Janeiro one can spot important variations and departures from the canon,[90] without a doubt this architecture was the one that prevailed domestically and internationally, at least until the mid-1950s. There are countless design, constructive and textual testimonials to this effect. Therefore, important works like the Brazilian Architects Institute (IAB) chapter in São Paulo, or the Caramuru building in Salvador, Bahia, that are directly connected to these cities' expansion and verticalization process are in no way exceptions.

The product of an open competition after the Second World War, the **IAB-SP building** was designed and built from 1947 to 1950 on a plot at the corner of Bento Freitas St. and General Jardim St., in Vila Buarque, central São Paulo. The competition's jury included, besides Firmino Saldanha, then chairman of the national IAB, Warchavchik, Niemeyer himself and two other Rio-trained architects, Fernando Saturnino de Brito and Helio Uchoa, the latter of whom a frequent collaborator with the master. At the jury's recommendation, the three finalist teams – Rino Levi and Roberto Cerqueira César; Abelardo de Souza, Hélio Duarte and Zenon Lotufo; and Jacob Ruchti, Miguel Forte and Galiano Ciampaglia – were asked to develop the final project together. Despite the participants' varied itineraries and attitudes, the final solution is clearly indebted to Rio's architecture. Also visible in other notable São Paulo sites from the same period – such as Rino Levi's 1944 Prudência building, Vilanova Artigas's 1946 Louveira building, and Franz Heep and Jacques Pilon's headquarters for *O Estado de S. Paulo* newspaper, also from 1946 – the chosen solution appears to reinforce the city's architectural production trend. With its independent structure, glass enclosure, free plan and façade, the volumes stem from an interpretation of the Corbusian repertoire that had been widely mobilized in Rio de Janeiro since the previous decade in the light of local injunctions, associated with the simultaneously institutional, social, cultural and commercial program, with the local building code and the surrounding cityscape. A good description of the site can be found in the technical opinion attached to the building's landmark declaration process before São Paulo state preservation authority Condephaat:

> Externally, the building expresses a clear subdivision into three. The broad base, which relates in height with preexisting neighboring constructions, includes a multipurpose room and a foyer at the ground level and, above it, a double level for the institute's social headquarters. The central body is made up of four floors intended for offices, separate from the central body by the setback of the windows, which were so designed, according to Mindlin, "for the purpose of compliance with the Construction Code", which allows extending floating floor slabs all the way to the plot line, as long as for the exclusive purpose of yielding

protection from rainfall and sunlight. The underground, which now houses an IAB auditorium, was for a long time home to the Artists and Friends of the Arts Club. Access ways are completely independent. The underground and the social headquarters are served by a private staircase, and the offices by the bank of elevators. A remarkable indoors feature is the double-height ceiling that integrates the restaurant and meeting hall at the Institute's social headquarters.[91]

Given landmark status by the State in 2002 and the City in 1992, the property was also listed by federal-level authority Iphan in 2015, which recognized its "cultural merit" in terms of both the building's artistic value and the remarkable activities of the entity that it houses. Finally, after decades of physical deterioration that kept pace with the region's loss of its centrality functions, followed by the Institute's representation crisis, a restoration plan was drawn and has been under way since 2013.

The **Caramuru building** is another remarkable example of the national irradiation of the "Carioca School". The first modernist building in a series that would spring up in Salvador's Comércio district, it was designed in 1946 by Rio-based architect Paulo Antunes Ribeiro. Lesser known than many of his contemporaries, Ribeiro is the author of important projects for clubs, hotels, hospitals, banks and urban plans around the country, and would even become national President of the IAB from 1953 to 1954. In the state of Bahia, he executed at least eight other projects besides the Caramuru, including the Hotel da Bahia, along with Diógenes Rebouças, in 1947/1952; the main offices of the Banco da Bahia, in 1958, and other office buildings, particularly in the state capital.

The headquarters of Prudência Capitalização, the Caramuru is an eight-floor prism-shaped building that includes a double-height ground level, curved mezzanines and a penthouse apartment with a garden-terrace designed by Burle Marx. It was built in reinforced concrete and relies on the free plan to provide flexible layout for the administrative program on the standard floors. Its most striking feature is certainly the *brise-soleil* solution adopted for two façades: designed as six-square-meter aluminum panels set 25 centimeters apart from one another, they rest on jutting concrete struts alternately set back from or extending beyond the architectural surface.[92]

Although it is an undisputed landmark of modern architecture in Bahia and Brazil, with extensive publications in domestic and international architecture periodicals of the day, such as *Architectural Review*, *Aujourd'hui*, *Domus*, and having been even distinguished with a honorable mention in the International Architecture Exhibition of the First São Paulo Biennial, in 1951, in the commercial or public building category, the building has experienced an accelerated deterioration process as commercial, financial and services activities shifted to other parts of Salvador. Abandoned for decades and occupied for a period by a group of squatters, even its demolition was planned in 2007 – with the City Hall's blessing – to make room for a luxury hotel in preparation for matches that the city would host during the 2014 Soccer World Cup. It was in this context that local specialized opinion mobilized on behalf of its landmark status, which was achieved provisionally before the Bahia Artistic and Cultural Heritage Institute (Ipac) in 2008; since then, landmark status has also been noted with federal organ Iphan. More recently, the site's cultural appreciation, and clearly the restrictions and parameters set forth by the Ipac, caused the owners to begin renovations that, as is often the case, are not quite appropriate[93], like on the Esther building and other private heritage sites in the older, central portions of Brazilian cities.

Certainly, the tremendous irradiation of the Rio de Janeiro canon across the nation, and the visibility earned by Brazilian production aligned with it, caused varied reactions, negative ones included. Even so, despite the controversies, detractors and admirers alike appear to recognize the vision of an original track. Lúcio Costa would deem this a "miracle". How else to explain the sudden development of Brazilian architecture in the first half of the 20th century?

> How to explain that, on the one hand, our workers' inefficiency, our engineers' lack of technical training, our industrial lag, and the general horror that collective housing induces could transform to the point of enabling, over such a short period of time, such a revolution in the "uses and customs" of the population, in the aptitude of workshops, in the proficiency of professionals; and on the other hand, that a minimal fraction of this mass of buildings, in general vulgar and inexpressive, might attain the architectural prowess needed to be at the forefront of international reputation, so that Brazilian architects could overnight and by unanimous consensus of foreign critics find themselves at the head of the innovative period that contemporary architecture has been experiencing, when even yesterday it was among the last to be worthy of consideration?[94]

If, for Lúcio Costa, the abolition of slavery and the Industrial Revolution in Brazil had helped to clear a path for progress by decisively changing production's and technique's relationships with art, as well as lifestyles nationwide, factors that had never been predictable appeared to him to have helped form a modern Brazilian architecture. Something akin to "a state of mind predisposed to receptiveness, enabling an instant response when the opportunity to put theory into practice presented itself".[95] Or, also, the advent of a native genius of the arts, an unmediated expression of the national personality, which, according to Lúcio Costa, could be found in architect Oscar Niemeyer, as it had been with Aleijadinho (Antonio Francisco Lisboa) in the 18th century:

> If the general direction of events is indeed determined by factors of various orders whose converging action eventually becomes inevitable, one must wonder whether, in the absence of a personality capable of capturing latent potentialities, such an opportunity could be missed, and the course of action irrevocably change because of failure at the decisive moment of the first trial.[96]

Perhaps because he was less committed to explaining the general enigma than to drawing an overall picture of this architecture since the publication of *Brazil Builds*, Henrique Mindlin's 1956 book summed up the phenomenon in a single sentence: "international architecture became Brazilian architecture". Originally published in English, French and German, Mindlin's book started out from a realization: beyond the exceptional quality of pioneer works, the average level of architectural production throughout Brazil appeared to have attained a level inexplicably higher than that of most countries. It emerged unexpectedly and at an impressive speed, and cannot be determined in evolutionary terms as a product of advances in the building arts or in domestic industry, it seemed to stem from subjective factors, associated with the cultural environment that had produced the Modern Art Week, or the political transformations that came with the 1930 Revolution. Only thus might one understand that Brazilian architects were driven to "resume the tradition of construction closer to Brazilian reality, to (...) a constructive interpretation of architectural needs in post-war Brazil".[97] A tradition of common sense and adaptability to the ever-changing situation of a country appeared to provide a safe answer to the process of urban and industrial modernization that was gaining steam locally.

DIFFRACTIONS AND LATENT IMAGES

The 1950s saw several significant changes to this outlook. They were clearly in response to the circumstances created by national-developmentalism and the refounding of modern plastic culture in Brazil *vis-à-vis* the creation of art museums, the emergence of biennials, and a renovated system of links connecting artists, public, critics and the market of symbolic goods. But these changes also have to do with the objections that Brazilian architecture was beginning to face. Some of them, rather harshly, insisted on the irrationality and formalistic excess of Brazilian architectural modernism, and not just on its sudden irruption. There was something irresponsibly frivolous about it in those days: along the lines of "the boldest, most irresponsible eighteenth-century Baroque", as if a "Corbusian mannerism" had been imposed top-down, barely hiding its "ambitions for the unprecedented", perhaps because it was fundamentally limited to extravagant "constructions for the State and the millionaires".[98] The harshest criticism may have come in the beginning of the decade from Max Bill, a Bauhaus alumnus, founder of the Ulm School of Design and the main speaker for Good Form and Swiss concrete art.[99] Delivering the first major and effective blow to the self-esteem of Brazilian architects and the international representation of local production, he undertook a fierce assault on the box-on-pillars model used in the MES, on the "absurd" and merely decorative shape of Niemeyer's pilotis, and on the risk of local production finding itself mired in entirely reproachable "anti-social academicism".[100] The admonitions cannot be understood outside the framework of the international clashes between new avant-garde constructive agendas and the emphasis on emotional and organic values and humanistic concerns typical of the post-WWII period.[101] Notwithstanding, Max Bill's conference at the School of Architecture and Urbanism of the University of São Paulo, quickly published by Lina Bo e Pietro Maria Bardi in *Habitat* review, evoked a deep unease and even led to a certain local communion in the attempt to demoralize the artist and refute his arguments.

The fact is that, also in Brazil, since the first half of the decade, amid the multiplication of technological, artistic and intellectual agendas and the deepening bonds between culture and social issues, dissonant and even critical positions emerged against the modern architecture that had flourished in Rio de Janeiro. Even if sparse and sometimes uttered by persons in the periphery of the Carioca circle that had formed around Costa and Niemeyer, this criticism found an increasingly welcoming reception in the specialized media, through periodicals like *Habitat*, *Acrópole*, *AD*, *Brasil Arquitetura Contemporânea*, and in congresses, conferences and exhibitions. Discontent with the local obsession for novelty and the recurring dismissal of the works' constructive qualities, lamenting the sacrifice of human scale in recent production, begging a pause for reflection on the paths that Brazilian architecture had been taking, these pronouncements came from different sides. Lina Bo Bardi, for example, spoke of the need to not reject, but to educate the rude and "beautiful child", as she described modern Brazilian architecture; Rodolpho Ortenblad, who had an interest in post-war North America production, argued for the expansion of local views, which remained closely anchored in Le Corbusier's lessons; Jorge Wilheim, who was in touch with Italy's organicist environment, narrated his discomfort with the formal arbitrariness of Brazilian architecture, which seemed detached from popular production; Roberto Cerqueira César, in his turn, emphasized the appearance of a new generation of architects in São Paulo who were free from the "spectacular and decorative" solutions encouraged by the international acclaim of the previous generation; and Henrique Mindlin insisted in the potential utility of restrictions on Brazilian production, which threatened to be reduced to "sterile misunderstandings", the "clash of exaggerated sensitivities and personal arguments".[102]

The warnings and objections offered by people on all fronts appear to clearly emerge from the dilemmas facing contemporary practices, given the rise of new questions posed in the international debate; the local appreciation of professional references other than Le Corbusier, such as the work of Wright, Gropius, Mies, Neutra, Nervi, Aalto, Zevi and others; the more intense travels of major global architectural figures in the local environment; the country's renovated operative, critical and interpretative coordinates and Brazilian professionals' increasing partisanship in the face of the socioeconomic reality and the pressing housing and urban problems.

The controversies and censures that emerged in this context therefore opened up new paths, or at least contributed to confer legitimacy to attitudes that were independent, or in declared opposition to the national canon. True, different views of modern architecture could already be noticed since the years when the "Carioca school" was affirming itself. Particularly so in São Paulo, where, with the establishment of an entire generation of foreign architects, "there is an architecture that, generally speaking, owes nothing to Rio's example".[103] And not just through them who, like Jacques Pilon, Daniele Calabi or Lucjan Korngold, acted in greater or lesser alignment with the spheres of cultural distinction before or during the second world war, or like Bernard Rudofsky, who found a clear anchor on them.[104] But also after the war, as the modern movement splintered in Europe, the trend gained momentum in Brazil. On the one hand, thanks to the post-war arrival of a new batch of European professionals, often attracted by the promising scenario that Brazilian architecture had to offer, like Lina Bo Bardi, Giancarlo Palanti, Mário Russo, Franz Heep, Francisco Beck, Victor Reif and others. They were generally more open to experimenting with design, and sometimes also more available to the real-estate market's parameters and the new, rising, urban clienteles. On the other hand, particularly since the 1950s, due to the visible shifts in the work of modern Brazilian architects from several generations in directions as diverse as those taken by Oswaldo Bratke, Eduardo Kneese de Mello, Henrique Mindlin, Vilanova Artigas, Miguel Forte, Galiano Ciampaglia, Jacob Ruchti, Plinio Croce, Sérgio Bernardes, Luís Saia, Eduardo Corona, Roberto Tibau, Gian Carlo Gasperini etc., or by even younger architects who earned their degrees during the 1950s, such as Marcos Konder, Carlos Millan, Fabio Penteado, David Libeskind, Sérgio Rodrigues, Jorge Wilheim, Marcelo Fragelli, Paulo Mendes da Rocha, Joaquim Guedes, João Filgueiras Lima, Rosa Kliass, Pedro Paulo de Melo Saraiva, Jon Maitrejean, Abrahão Sanovicz, Luiz Paulo Conde, Glauco Campelo and several more.

It is worth mentioning that important contrasts can be seen even among early Brazilian architects. Even in Rio de Janeiro,[105] where Max Bill had seen a need to clearly distinguish Niemeyer's formalistic excesses from the "remarkable achievements of Brazilian architects", of which Pedregulho had countless examples to offer. Indeed, the work of Affonso Eduardo Reidy, a leading figure in Rio, would amount in critique and historiography to a particular escape route within the canon, greatly anticipating the palatial architecture of Brasília and even the dialog with brutalism that took place in São Paulo through Lina Bo Bardi, Artigas, Paulo Mendes da Rocha or Pedro Paulo de Melo Saraiva.[106] Therefore, whether as the head of the Urbanism Department of the Federal District's Government, or in his private firm, a peculiar design attitude was soon recognized: one that was extremely mindful of the terrain's suggestions in terms of topography, orientation, urban embeddedness, the landscape and its social appropriation; and attentive to the program, from infra- to superstructure, to technical installations and to furniture, as well as to constructive issues, occasionally introducing new materials, techniques and systems, as noted by Francisco Bolonha, who worked for his studio since his days as a student in Rio de Janeiro.[107] This "Reidyan work model", "the very form of rationality", as João Masao Kamita pointed out, can be perceived in many of his designs and sites from the 1946 Pedregulho complex, which was acclaimed, among other things, for how the housing program is conceived; to the 1952 Brazil-Paraguay Experimental School, the first step in the direction of what would be later known as a Sao Paulo's sectional design; from the 1948 urbanism of the plains formed by the leveling of the Santo Antônio hill to the 1962 plan for the park on the Flamengo Landfill – works that testify to the range of the architect's concerns with the city and the public space.

Reidy's building for the **Rio de Janeiro Museum of Modern Art (MAM-RJ)** expresses the range of these shifts. Designed by an architect from the class of 1931, a pupil of Lúcio Costa and Gregori Warchavchik and contributor for the final MES plans, since 1932 Reidy was an employee of the Federal District's Government, and, as such, in charge of several public commissions aligned with Corbusian coordinates. The museum building, though, manifests design themes until then unusual for Rio. Erected on a piece of land isolated from the urban mesh, its basic strategy consists in operating synthetically with the structure as a simultaneously technical and formal event[108] to make the most of the project's urban surroundings. Notice the solutions chosen, such as the prevalent horizontal scheme, the spatial sense of the program resolved into volumes (the exhibition hall, the school and the theater) at once conflicting and combined, the large open space under the gallery and the building's integration with the landscape through rhythm and counterpoint effects adopted in Burle Marx's gardens. It therefore serves as a constructive comment on the city's unique nature, mediating between the city and the bay, both of which also under constant modeling, the museum ultimately takes on an imposing civic and formative attitude, in close connection with the country's sociocultural reality.[109]

The exhibition block standing out in the landscape is an "integral and omnipresent structure that not only takes part in the building's design, but now anticipates and fully constitutes it".[110] In fact, there are two structures: the successive porticos raising the body of the construction away from the ground "hold up the first floor slab through indirect support, a sort of bracket, integral to the portico" that, by creating a momentum at the base, "reduces loads along the beam" that holds the lower slab; meanwhile, "the intermediate and roof slabs are fastened to the upper beam with tie rods".[111] If the solution comes from the arboreal design of the transitions in many of Niemeyer's buildings, it is also more adherent to a structural conception of form that backs not only the qualities of space in its fluidity, flexibility and functionality, but also the interpenetrative interplay – and its resulting contradictions – between volumetric elements, slanting lines and inclines.

It was no accident that the building's lengthy construction period – from 1954, when the preparation of the land began; through 1958, when the new museum headquarters was unveiled around the school block; to 1967, when the exhibition hall site was finally completed – was one of the most thoroughly documented in photography in Brazil at the time.[112] And in spite of the fire that consumed it in 1978, the institutional crises that affects it to this day, the controversial new project for the theater, delivered in 2006, and the terrible additions and ephemeral interferences over the years, the building is in a good state of material preservation. In fact, Iphan declared it a landmark as part of a more comprehensive heritage-site process for the Flamengo Park, before the exhibition block was even completed. Governor Carlos Lacerda himself submitted the landmark application in 1964 to protect the urbanistic and landscaping plans for the park, also a work by Reidy and Burle Marx, as well as for the architectural works within its limits, including those not yet delivered, like the Museum of Modern Art itself, as a preemptive step against the advance of real-estate speculation in the area.[113]

The MAM project in Rio would find enormous domestic and international echo in its day. In São Paulo, it had become almost unanimously loved ever since its recognition at the First Biennial. The **São Paulo Museum of Art (Masp)**, which Lina Bo Bardi started to plan in 1957, while the MAM was still under construction, symbolizes the prestige that the architect had gained in the city. His and Lina's alignment, in fact, can be seen both in the recurring projects and contributions by the Rio's architect featured in the review *Habitat*, and in the formal kinship between some of the Italian architect's works and contemporary ones by Reidy, such as Lina's Glass House in São Paulo's Morumbi district and the Carmem Portinho residence that he designed in Jacarepaguá.[114] Actually, in 1952 Reidy himself had sketched a few plans for a Visual Arts Museum on Masp's same site on Paulista Avenue.[115] The land had been cleared by demolition of the Belvedere for the pavilion that housed the first edition of the São Paulo Art Biennial, which the São Paulo Museum of Modern Art (MAM-SP) held in 1951. In Reidy's design, the four-floor triangular prism, with two of three glass-enclosed façades protected by screens against sunlight, rose on pilotis and staked out an expansive plaza with a view of the city at the level of Paulista Avenue. Sitting on an equally triangular platform, the museum's underground was meant to house a thousand seats theater. The idea had won a competition held by Francisco Matarazzo Sobrinho for the construction of the new headquarters of the São Paulo Museum of Modern Art, which had been, since its 1947 establishment, in the same building on Sete de Abril St. in downtown São Paulo, that would also house the São Paulo Museum of Art one year later.

Even after being assigned to the latter, the land remained an object of dispute between the two museums. As had been the case with their counterpart in Rio, the two São Paulo institutions' reference lay in the active museum concepts that the International Council of Museums disseminated at the time, and the characteristic purpose of the New York Museum of Modern Art to reach wider audiences.[116] In Rio and São Paulo alike, however, the museums operated in premises adapted from preexisting buildings.

Devised at a busy time in the architect's career, Lina's first draft for the Masp emerged in 1957 and was heavily branded by the portico structural concept that had driven the studies for the São Vicente Art Museum, which she had sketched a few years before.[117] Several decisions, however, would emerge from the exchanges between the institution and the City: the belvedere had to be kept a column-free area, the overhead clearance above it had to be eight meters high', and the construction height could not exceed two floors.[118] The cornerstone was only laid in 1959, when Lina had already moved to work in Bahia. But the City-funded construction went into 1968, when the museum's new headquarters was finally unveiled, having undergone significant changes as the construction progressed, at least until 1966, when important aspects were detailed, including the upper block's glass façades.[119] In any case, from beginning to end, the project maintained the basic concept of a horizontal prism suspended from an immense reinforced concrete structure that held it from outside, freeing up a seventy-meter-wide space at the level of Paulista Avenue, under which the underground block was structured.

Even if very distant from the constructive solution used for the MAM gallery in Rio, Masp's retained connections to its predecessor: a building raised from the ground, appreciating the public space underneath. The suppression of all internal supports in the exhibitions hall, the dematerialization of the façades through the use of a glass skin, the reliance on exposed reinforced concrete and the rough finishing of the materials – everywhere, the technical choices stood as defining elements of the building's program and form. It is worth mentioning that the pre-stressing system that engineer José Carlos de Figueiredo Ferraz employed was innovative for the period, and even went into reinforced concrete engineering handbooks and courses thereafter:[120] the U-shaped portico that involves the glass box is actually made up of two beams simply seated on the lateral pillars; the lower slab is tied to the lower beams, while the roof slab is held by the upper ones.[121] An iconic element of the São Paulo cityscape, the building was declared a landmark by Iphan in 2003, by the Sao Paulo state heritage council, Condephaat, in 1982, and by the Municipality in 1991. As is usually the case in highly valued parts of the city, it has been experiencing the impact of changes to its surroundings. As a result, in recent decades, poor management of its facilities and collection contributed largely to its devaluation. Notwithstanding, and controversy aside, renewed attention to the original design has been given in recent years by the expert community, public opinion, and the institution itself, enabling careful preservation and restoration works on the building and on its museographic and museological concepts.

More so than Rio de Janeiro's MAM, the Masp is part of a decisive turning point in Brazilian architectural production, one particularly polarized by the strength of the accomplishments in São Paulo. It had been foretold, since the early 1950s, by works that were exceptional in many senses, such as Lina Bo Bardi's so-called Glass House, and David Libeskind's Conjunto Nacional. The **Glass House**, which has likewise been declared a landmark at all three levels – municipal (1992), state (1987) and federal (2007) – and serves as the headquarters of the Lina Bo e P. M. Bardi Institute since 1990, was designed as the architect and Pietro Maria Bardi's residence on one of the highest areas of the recently-developed district of Jardim Morumbi.

The years 1950 and '51, when the building was erected, were the most intense in her career. Within Masp, Lina had founded and ran *Habitat* together with Bardi, and created the Contemporary Art Institute, where she taught the fundamentals of architecture; with her husband and Giancarlo Palanti, she also ran the Palma Art Studio, a successful art and design firm; in addition to her home, in 1951 she designed a series of buildings, like the Taba Guaianazes skyscraper for the Diários Associados news organization, with structural plans by Pier Luigi Nervi, two more housing projects that were never built and the study for a "museum at the edge of the ocean" in São Vicente, which was published in *Habitat* in the following year and anticipated, as mentioned earlier, some of the solutions used for Masp. Therefore, in addition to being one of the most productive periods in her career, marked as it was by professionalization in the areas of architecture and design, it was also a time for expanding and diffusing references. The case of the

São Vicente museum is symbolic of this alliance between design and critique: clearly inspired in the Crown Hall of the Illinois Institute of Technology, in Chicago, a 1950 Mies van der Rohe design, it denounces Lina Bo's break from the domestic canon.

The house that Lina designed, also heavily Mies-inspired, doesn't just stand apart from the housing projects that she would develop later in the decade in Salvador and São Paulo – just a few meters away from there –, which were significantly marked by a dive into the popular and erudite cultures of the Brazilian Northeast.[122] The transparent prism that rises from the ground on slim cylindrical metallic pillars also stands out in photographs of the building at the time of its unveiling, in sharp contrast with the rugged surrounding landscape and the residential architecture that her colleagues were mostly creating at the time. Defined by the two horizontal planes of the floor and roof slabs that mark the main façade, from the space of the living and dining rooms "nothing blocks the view", "all is light", "outdoors is always inside". All around, floor-to-ceiling and rail-free sliding iron and glass surfaces enhance the potential for contact with the surrounding environment; around a central clearance, a large fish tank looks out onto the patio garden at ground level, an extension of the naturally sloping land; from it, one climbs inside through an open two-flight stairway that appears to float on the fine metallic structure holding it. Transparency and levitation are the primary effects of the promenade leading into the house proper, and were carefully displayed in the early series of images of the construction, with the property's projections in *contra-plongée*, outside views through completely opened frames, the presence of the architect herself standing under the stairs landing watching the naked outdoor scenery. But upon entering the home's family and service areas, such diaphanous image dissolves before perceived closeness, containment, rigidity and functionality used for the rear block, carved into the ground and built with vernacular materials and languages.[123]

In addition to being her first construction, as was Warchavchik's at Rua Santa Cruz, 25 years before, it was also the first house in the development, rising like a totem of modernity above the rolling hills of the area, a former tea farm. True, Morumbi had since the 1940s been in the process of being absorbed by real-estate expansion along the city's southwest vector. The process was clearly connected to the local demographic shift. From 1940 to 1950, the number of residents had climbed from 1.3 million to almost 2.2 million, and verged close to 3.8 million in the decade next. Beyond the enormous suburban expansion that enabled the creation of elite districts in the direction of Faria Lima Av., the Pinheiros river's lowlands and the heights of Morumbi, the period also experienced major vertical growth in more central districts of the city, such as República, Bela Vista, Liberdade, Santa Cecília, Vila Buarque, Higienópolis, Consolação and, later on, Jardim Paulista, Paraíso, Aclimação and more. Parallel processes, largely boosted by the forming metropolis's road system and land restructuring, by the accumulation of property development capital with significant influence on the construction code's changes, and by the organization of thus far incipient financing and credit sources – like pension funds and capitalization and insurance companies –, the impact that these changes would have on the cityscape and everyday life can still be seen in many of those districts.

David Libeskind's **Conjunto Nacional** is part of this trend towards verticalization and the functional transformation of the – until then – predominantly residential and low-density area to the southwest of the city's traditional center. Although a series of residential high-rises can be seen to emerge along Paulista Av. since the 1940s, the early 1950s are marked by a gradual typological transformation of the properties, with the introduction of large mixed-use structures, some of which designed by renowned Rio de Janeiro architects. These include Marcelo and Milton Roberto's 1941 Anchieta building, commissioned by the Industrial Workers' Retirement and Pensions Institute, and Abelardo de Souza's 1952 Três Marias and Nações Unidas buildings for the Companhia Nacional de Investimentos, a local real-estate developer that belonged to Otávio Frias and Roxo Loureiro, which had also commissioned Oscar Niemeyer to design the Montreal, Copan and Eiffel buildings in the city's expanded center, respectively in 1950, 1951 and 1953.

Libeskind, who had earned his degree at the Minas Gerais School of Architecture and was close to architect and preservationist Sylvio de Vasconcellos, naturally had privileged contact with the baroque and modern Brazilian architecture. It was no accident that he associated the Conjunto Nacional design to the Corbusian matrix. His transfer to São Paulo in 1953, immediately after earning his architecture degree, and his involvement in the professional network surrounding the local chapter of the IAB were decisive for his adherence to some of the working coordinates that were on the rise there: the break from viewing architectural objects as isolated incidents in the cityscape, the search for a new convergence between form, technique and material production, and the new strategies for insertion in the design, construction and property development market.

Developed in 1954, when the architect was just 26 years old, in a closed competition sponsored by hospitality magnate José Tjurs, the building's program deepens the typological trend for such developments, establishing multiple non-residential uses, more complex public-private relationships, and a new scale and standard for condominiums. The rationale of volumes on top of a platform or a horizontal prism was by then spreading worldwide, challenging architects to rethink buildings according to urban scale. This was, by the way, the case of icons like the MES, in Rio de Janeiro; and, more directly, Wallace Harrison and Max Abramovitz's United Nations building, based on original Oscar Niemeyer and Le Corbusier proposal from 1947; and Gordon Bunshaft's 1952 Lever House, both in New York. On top of the Conjunto Nacional's horizontal block, which covers the entire city block and defines an elevated garden on top and a peripheral marquee that covers public accesses to the commercial center on the ground level, lie three geometrically distinct volumes: a vertical blade that crosses the parcel parallel to Paulista Av., without touching the base, a bar that lies perpendicular to the blade, and a hemispherical geodesic cupola.[124] The complex includes a hotel, residential apartments, offices, stores, cinema, theater, conventions hall, restaurant, public parking, banks, post office, dry cleaning, etc., and also offers residents access to several services charged to Horsa Hotéis Reunidos S. A., such as bellboys, cleaning staff, switchboard, power generator, cooking gas center, etc.[125]

The sales brochure emphasized the concept of the large commercial center, almost a shopping mall, albeit not distant from the city's historic downtown, unlike those that were beginning to emerge in the United States. It was clearly an attempt to polarize a trend towards decentralization of urban functions in São Paulo and overcoming consolidated forms of walk-in retail or the department stores and commercial galleries that were already expanding along the nearby Augusta St. By attempting an innovative and polarizing effort, the company would take on the costs and risks of the new investment mode that was strengthening in the city: real-estate development, including, in this case, purchase of the land, demolition of the manor that stood there, architectural design, construction, which was entrusted to the Warchavchik-Neumann building company, construction financing, sales, and even management of the property. It is highly meaningful that real-estate development became crystallized in Sao Paulo in the production of as iconic a skyscraper as the Conjunto Nacional. After all, in its original intent to project beyond the city, beyond downtown, and beyond established programs, as an "anarchic event", the building dramatized the unstable balance between the relative independence of the isolated, corporate-produced structure and the collective capital articulation that makes the city, as if it were a self-sufficient enclave: "an island of balanced speculation".[126] Like other buildings that were beginning to rise there, it symbolizes this primitive assertion of advanced real-estate speculation in a part of São Paulo that would soon become recognized as the entire country's financial heart.

Like Lina Bo Bardi and David Libeskind, Oswaldo Bratke was another architect whose work tended to stand apart from Rio's canon. Indeed, out of his contemporaries, Bratke was perhaps the most far removed from the Corbusian matrix, embracing a design trend closer to Walter Gropius's, Richard Neutra's or Rino Levi's. An advocate of construction rationalization procedures and even of prefabrication, a stalwart of research into materials and bioclimatic solutions, his formal expression was significantly marked by a view of buildings as subjects of a rigorous design, detailing and construction process.[127]

A 1931 graduate from the Mackenzie College's School of Engineering, he quickly oriented towards predominantly private-sector production, designing and building housing units, office buildings, hotels, clubs, city plans and land developments in São Paulo's central areas and residential suburbs, such as Jardim América, Jardim Europa, Jardim Paulista, Pacaembu and Morumbi; as well as in other cities like Campos do Jordão, Santos, Guarujá, Ubatuba; and off-state, as in Amapá for example.

The 1955 **Serra do Navio village** was in fact done in parallel with the Amazonas village, both commissioned by mining company Icomi – Indústria e Comércio de Minérios to support exploration of a manganese mine in the state of Amapá, in the northern part of Brazilian Amazonia. Also the product of a closed competition, Bratke's plans appear to have stood out precisely for the pragmatism of the solutions chosen for a planning situation that was extremely difficult in terms of access to construction materials and skilled labor. With a meticulous study of ore production processes, the lifestyles and dwellings of the locals, natural resources and construction means available in the region, as well as its climate and topography, the architect made way in his investigation of the program in the light of the actual situation and the effective modes to realize the project: intended demographics and densities, consistent housing typologies, collective services and uses, infrastructure, furniture, as well as construction systems and details and the respective production chains.

The city was to house 2.5 to 3 thousand residents and would be zoned according to employee hierarchy, assuring collective communal access to the shared functions of administration, health, education, leisure and commerce. Marked by low density, the architecture of the one-story buildings was resolved by laying out isolated pavilions as simple structures made from locally-produced brick and cinderblock, with pillars, beams and gable roofs in local hardwoods, and asbestos cement roof tiles imported from southern Brazil or from abroad. In spite of the chosen materials, which were not always recommended for tropical climates, the widespread use of shading and ventilation elements, as well as generous eaves, adjustable blinds, concrete *cobogó* vented bricks, and covered walkways, led to a significant reduction in the constructions' indoor temperatures. Furthermore, besides the implementation modes and the landscaping treatment, the chromatic study developed by painter Francisco Rebolo helped lend the complex some variety.[128]

It is no accident that, despite the disastrous environmental effects of Icomi's actions in the area, such as iron, arsenide and manganese contamination of the soil, of the ground water and of streams, and inappropriate interventions in the original design over the decades, in 2010 the Iphan landmark process emphasized the project's dialogue between the implementation of the ambitious modernist architecture and city-planning program and the local constructive solutions, climate, vegetation and culture. Beyond the project's artistic, landscaping and cultural value, its induction into the Historic Sites Book noted the importance of the experience to understanding the nation's history.

A sui-generis example of a period in the occupation of Amazone region that was significantly boosted by the policies of national-developmentalism, it is symptomatic that the village's project and construction were developed during President Juscelino Kubitschek's administration, coinciding with the period from Brasília's competition to the city's unveiling. As a sort of end-synthesis of the JK administration's Goals Plan, construction of the new federal capital epitomizes the utopian, if not prophetic, projections of the developmentalist ideology that then drove the national territorial and economic integration into the cycle of accumulation that was then expanding in the direction of the so-called "third world". Indeed, the government plan's 31st and final goal was the symbolic completion of the transformation then under way in economic geography, in interregional relationships and in the country's production and consumption patterns, with heavy foreign-capital and State participation in the economy. Pontificating a vast array of actions aimed at energy generation, the development of mining and basic industries like shipping, steel, iron, cement, aluminum, paper, rubber, vehicles, machinery and appliances, the modernization of agriculture, the development of transportation in general and of the highway system in particular, the expansion of the public education network, Brasília, in the words of Mário Pedrosa represented a massive civilization implant in a semi-deserted territory. Both literally and metaphorically.

> Brasília's obscure and hybrid nature reflects in the philosophical vagueness, so to speak, of the architectural strategies, as well as in the programmatic sameness of the master plans submitted. (...) Lúcio Costa was wise to accept the inconsistency inherent to the [competition's] program and, avoiding a compromise, eclectic, solution, to make a resolute decision for the unavoidable, given the objective circumstances in force and the full recognition that the possible solution would still require the colonial experience, that is, laying a claim as the conquistadors had, carving the sign of the cross into the soil, or, in a more modern and "optimistic" sense, to gently cause the shape of an airplane to land there. But on what hopes? On the hope that the sheer vitality of the country, even on its distant periphery, might leapfrog stages and meet the oasis-cum-capital city laid down in the middle of the Central Highlands, and fertilize it from within.[129]

It is true that, at the time, the intent to transfer the capital from the country's coast to the countryside was already more than one hundred years old. But it is relevant that the move occurred precisely within the context of urban and industrial modernization and of the deepening of the ideological program to integrate the nation with the world, including on the high-culture front. The modernist adventure of total art appeared to find in Lúcio Costa's master plan not only the calling of a synthesis of the arts, but that of a monument to a future civic space. And thus, as things progressed, the emancipating project proved itself simplistic and authoritarian, soon turning the city from a showcase into a target, from pioneer into laggard, from promise into frustration:

> Not only the military coup of 1964 cancelled and reversed the democratic impulse that lay at its foundation, but also the major international theoretical revisions of modern urbanism soon saw in Brasília a piece of negative evidence in support of the points that they wanted to make.[130]

The close alliance between the State and modern architecture in Brazil, and the collaboration between Lúcio Costa and Oscar Niemeyer to reiterate a formative project whose roots dated from the 1930s, already appeared, however, to carry the seeds of many of the contradictions that would be pointed out about it. One of these was between the innovative forms of the reinforced concrete architecture and the precarious conditions at the building sites. Not by accident, even before the deep disillusion that the military coup of 1964 caused, the winning plan faced fierce emulation even during the competition and, soon thereafter, severe resistance from people as illustrious as art critic Geraldo Ferraz, sociologist and historian Gilberto Freyre, geographer Milton Santos, Lina Bo Bardi, Giulio Carlo Argan, Françoise Choay, Reyner Banham and many more. Indeed, the 1956 National Competition for the Master Plan for Brazil's New Capital City had 62 applying teams competing, of which 26 submitted proposals, including some led by expressive names from Brazilian architecture and urbanism from various generations, such as Vilanova Artigas, Carlos Cascaldi, Paulo de Camargo Almeida, Rino Levi, Roberto Cerqueira César, Luís Roberto Carvalho Franco, Henrique Mindlin, Giancarlo Palanti, the Roberto brothers, Jorge Wilheim, Joaquim Guedes, Carlos Millan, and Pedro Paulo de Melo Saraiva, to name some of the most renowned.[131]

The new capital city should be planned to house 500 thousand residents and lie around the Paranoá artificial lake. The main geological, geotechnical, topographic and site drainage studies were made available for its implementation. Proposals had to include "the city's basic outline, indicating the layout of the main elements of the urban framework, the location and interconnection of the various sectors, centers, facilities and services, the distribution of free spaces and the communication pathways".[132] Having been assured great freedom of presentation, the universe of proposals varied widely, but the winning project stood apart for its conciseness. Indeed, Lúcio Costa's master plan for Brasília was divided into 23 points and entirely presented in 17 typed sheets of paper, seven of which containing hand-drawn sketches and an overall map of the city's layout. The jury received it as an eloquent literary piece and emphasized the fact that its characteristics could be easily apprehended from the proposed spatial scheme, which was "disciplined without being rigid". The concise presentation of the conceptual strategy and its four scales – monumental, residential, gregarious and bucolic – did not strip it, according to the author, from the synthetic worth of a precise urban configuration that was "pioneering" in nature, including in terms of its ability to unify *urbs* and *civitas*, which was inevitable in plans for a capital city: "A city planned for orderly and efficient work, but also a living, pleasant city, appropriate for daydreaming and intellectual speculation, capable of becoming, over time, one of the most lucid and sensitive cultural hubs in the nation".[133] Structured as two crossing axes, one arc-shaped, traveling from south to north, playing the role of the main thoroughfare, along which daily lives would take place and the succession of housing supersquares and their extensive collective-use program would lie; the other, the Monumental axis, would follow the downward slope from East to West and house administrative, civic and political sectors, as well as the central functions of culture, leisure, commerce, business and transport.[134] At their crossroads lay the bus depot, designed by Lúcio Costa himself and topologically organizing, at the same time, the transition from the intra- and inter-city transport meshes and the mundane uses into the symbolic representation of the central power.

The city's construction works have been widely documented in photography and film. From the early visits and technical surveys to earth moving and road clearing, from the building sites to engineers' and architects' offices, from the everyday lives of laborers to receptions and technical and political meetings concerned with the work under way, from architectural models to the assembly of scaffolding, casts and armatures, from the evolution of the construction to the consolidation of a new urban landscape, from the unveiling of the city and its buildings over the years to occupation by its first residents, it may well be that no city on earth, whether planned or not, has had its production process so carefully observed. The visual records and the diffusion of the imagery from the master plan and satellite towns, civic areas and palaces, blocks, superblocks and midblocks, slums and shantytowns, the road system, parks, promenades, the university, schools, commerce zones, etc., all seems to have effectively become part of a strategy intended to supplement physical construction, a gigantic media operation, to borrow from Stanislaus von Moos's words on Brasília.[135]

The **Itamaraty Palace**, the Ministry of Foreign Affairs, designed between 1959 and 1960 and only unveiled in 1970, was one of Brasília's most widely photographed and publicized sites. Even while still under construction, during the finishing process, from the integral artwork to the architecture of the completed building, such as the images produced by Marcel Gautherot, João Gabriel Gondim de Lima and Luís Humberto Pereira. The building is precisely embedded in the extensive east strip that goes from the central bus station to the Three Powers square, for which– as was also the case later on for the west strip –the actions of Oscar Niemeyer, who was responsible for the City Planning and Architecture Directorate, were utterly decisive. It is true that, given Lúcio Costa's trouble staying away from Rio de Janeiro, Niemeyer had often to make important decisions and interventions on the major road axis. But the projects executed along the Monumental axis indelibly marked the urban framework, as well as its image and meaning to no lesser degree. Maintaining, as proposed in the master plan, a wide unbuilt strip down the center, in whose background stood out the emblematic National Congress building, the baroque perspective that rolled from the bus station would become marked by Niemeyer's peculiar contrasting geometries, applied in that case not only to the buildings and their mutual connections, but to the cityscape itself.[136] In this way, between the road axis marked by the orthogonal volumes and lines of the single-purpose sectors and superblocks, on the one hand; and the ascetic, nine-floor block volumes of the ministries, on the other, a first series of exceptional, irregularly shaped buildings emerges: curved, as in the Cathedral, on the southern side, or sharp, as in the National Theater, on northern side of the Monumental axis. In between the monotonous succession of ministries, a sort of propylaea that marks entrance into the urban domain dedicated to politics and symbolism, and the heavy monumental load of the Three Powers square, lay the Ministry of Foreign Affairs on one side and the Ministry of Justice on the other. Unlike the other ministries, they were not built using prefabricated metal armatures and, unlike the Congress, the Presidential Planalto Palace and the Supreme Court, their concrete structures, meticulously calculated by engineer Joaquim Cardozo, were not covered in white paint nor marble. It took the entire 1960s for them to be completed in exposed concrete.

Distant about three hundred meters from the Congress building, the Itamaraty Palace and the Palace of Justice, across from it, stake out a break from the ministries' shafts standing in ranks on both sides of the Monumental axis and play an important role in the scenic device by introducing nature into the architectural problem. A resource that Niemeyer had been using since the Pampulha, symbiosis between architecture and Roberto Burle Marx's landscaping is taken to an extreme level there, with the buildings emerging from immense reflecting pools surrounded by lush and varied vegetation.[137] Devised, as other palaces in the capital city, from the articulation of two basic elements – a superstructure projecting beyond an interior transparent volume –, the Itamaraty is structured as two independent systems: the arcade proper and the sequence of pillars that holds up the Ministry's glass box, now no longer elevated from the ground but over the water. These two structural systems formally interconnect by means of the liquid surface into which they plunge. If in the Palace of Justice the *loggia*'s mannerism is emphasized by the interplay of waterfalls dropping into the reflecting pool like huge concrete gargoyles, at Itamaraty the shape of the full arches set back from the perimeter of the eaves, with marks of the execution diligently etched onto their surface, produces an abstract kind of impost and enables a more comprehensive reading of the site based on the counterpoint between the diaphanous and the telluric, the block's precise finish glistening under the roof garden, and the traditional, rustic, element of the *loggia* that involves it – as noted previously.

The arcade's superstructure defines the palace's imagetic strength and, at the same time, maintains the reference to the former headquarters [in Rio], without resuming its legitimate neoclassic language. Control over the structure is exerted by modulating the arcade's spaces, which modulate at six meters and drives the organization of inner areas, the division and layout of the floors, based on its multiples (12 meters, 18 meters, 36 meters, 54 meters) and sub-multiples (.6 meter, 1.2 meter, 1.5 meter, 1.8 meter).[138]

Aside from its administrative annex, the Itamaraty palace was conceived as two levels in addition to its main hall, the roof garden; they are all done in free plans, "organized according to opaque and transparent planes whose plastic interplay defines social, transition and living spaces to meet diplomatic and ceremonial needs", "from small receptions to galas". Employed in a way that values the integration of the arts and landscaping, as well as of the art collection and furniture to architecture, the project "emphasizes voids as the organizing factor of the power represented there".[139]

Until 2007, when an expressive subset of Oscar Niemeyer buildings in Brazil was given landmark status by Iphan, Itamaraty had not been the subject of specific proceedings in this sense. In any case, as in large parts of the capital city and its more symbolically loaded public buildings, integrity preservation, which is assured also by the annex-buildings strategy, established itself based on the adoption of a quite efficient heritage and urban policy. Recognized as a Unesco World Heritage Site in 1987 and a national heritage site in 1992, the Brasília urban complex not only stands as a unique landmark in modern urban heritage preservation but also includes the preservation of the Itamaraty Palace within the scope of the Three Powers square and the Monumental axis as a representative element of the city.

The fact is that, while Brasília was under construction, significant changes were under way in the architectural field in Brazil. Next to the legitimacy that the competition had given architects to operate freely in the domains of urbanism and major public works, which was until then an unchallenged engineer's province, the process had bared latent clashes. One of the first to point them out was art and architecture critic Geraldo Ferraz, who published on number 25 of *Habitat*, in December 1955, just before the inauguration of president-elect Juscelino Kubitschek, a politically aligned "yearend meditation" on the national question. Its motivation was precisely the "marginal growth of Brazil's population", with a deepening housing crisis, transportation issues, lack of schools and hospitals, and precarious sanitation.[140] It was weird that with the new administration "we soon find ourselves embroiled in the Brasília campaign". One year later, the October 1956 editorial of the review would criticize the public call for the national master plan competition, which had been published the month before. Even if the time was past to discuss the capital transfer policy, its architectural and urbanism implications had to be argued. Firstly, *Habitat*, which Ferraz was running at the time, asked about the reasons for separating the "city's basic layout" from its "buildings plan". In addition, the publication pointed out that the call for submissions had left huge loopholes for direct interference from the part of the New Capital's Companhia Urbanizadora in the development of the selected proposal.[141] Soon thereafter, Geraldo Ferraz noted inconsistencies in the process: construction began in the city even before planning proposals had been submitted to the jury; the director of the New Capital's company's Department of Architecture and Urbanism, Oscar Niemeyer, had designed a series of public buildings for the city. In addition to breaching a clause of the call for submissions that assumed master plan's precedence in relation to individual buildings, the designs had been under way before the competition even began.[142] Manipulation appeared obvious to Ferraz. The call for submissions itself, which was drafted in the Brazilian Architects Institute, in Rio de Janeiro, had been amended before publication, and protests from the entity's board had been buffered by the election of a new board that was allied with Niemeyer. Finally, however understandable that the architect should refrain from participating in the competition, it was inadmissible that another professional, Niemeyer's "unconditional admirer", Lúcio Costa, who was taking part in the competition, should have privileged access to his projects. And even more severe, that Niemeyer himself should be the prevalent force in jury selection. It is no wonder that Affonso Eduardo Reidy refused to apply because he disagreed with how the competition had been set up.[143]

The critic's animosity is proportional with the dissent that was emerging in the field of reflection and production. Particularly in São Paulo, where since the first half of the 1950s, as discussed earlier, a series of critical statements against Niemeyer's hegemony had gained ground in professional and regular media. By the end of the decade, criticism over the compromises between modernist utopia and capital modernization in the boost of developmentalism, populism and anti-imperialism in Brazil, appeared to challenge the authority of the breakthrough platforms that had been dominant up until then. It is possible that immediately after the war, as Lourival Gomes Machado noted, it was still difficult to perceive the emergence of an architectural school in São Paulo with as much gravitational pull as the one that had formed in Rio during the construction of the Ministry of Education and Health building. This may be because local modern production was still very limited and far too fragmentary at the time. Or perhaps because in São Paulo, as Luís Saia wrote a decade later, the new social and economic mediations of architecture were more vigorous and complex than elsewhere in the country.[144] The fact is that a new landscape would only emerge by the end of the decade, with the implementation of the Carvalho Pinto administration's ambitious Action Plan for São Paulo state. Under it, an expressive subset of local architects would work to promote their ideas and propositions amid the development of means of production and of new local parameters for training, professional engagement, prestige and acclaim.[145]

To illustrate, São Paulo features the expansion of an old practice that was unusual in Brazil: architecture competitions sponsored by the private and public sectors and, with them, the rising of new planning coordinates[146]. While the local growth of design competitions is understandable given the booming pace of the state's economic development and real estate market, the impact of these initiatives remains revealing in terms of the quality of the new propositions and the emergence of alternative paradigms and leaderships. Analysis of the calls for submissions, of the submissions themselves and of the outcomes sheds additional light on the passage, between 1957 and 1963, from continuity stances, even if on the verge of dispersion, to the gradual consolidation of new and increasingly unified concepts and strategies. One emblematic case was the competition for the sports gymnasium of the Athletico

Paulistano Club, in 1958, where the winners were Paulo Mendes da Rocha and João Eduardo de Gennaro, both graduated from the Mackenzie College's architecture school in 1954; and the second prize went to Pedro Paulo de Melo Saraiva and Julio Neves, who were then just 25 and 26 years old. In those, as in other plans that the competition highlighted, there is clear adoption of large spatial coverings and structures, such as shells, pleated roofs, metal tie rods, prefabricated elements, leaving aside the column-beam-slab trinomial and investing in structural design as the prevalent vector of architectural expression and program organization. The grand-prix awarded to Mendes da Rocha and De Gennaro's project at the 4th International Art Biennial, in 1961, is iconic of the prestige that such novel attitudes had acquired over the years.

Amid all of these changes in the field and the complete resignification of avant-garde contents in Brazil, as it increasingly moved towards an idea of design as a horizon for social change, the intellectual role of architects would modify as well. In the planning-oriented phase that began in the 1960s, according to Flávio Motta,[147] the challenge was the national modernization process as a whole, be it in terms of territorial organization and the rational use of existing material and natural resources, be it in the establishment of a more favorable equation involving the public power, the private interests of the rising industrial bourgeoisie, and the needs of the country's popular classes. In this sense, in the struggle to overcome underdevelopment, it was up to architects to "imprint national cultural characteristics onto constructive forms". Concerned with the renovation of architects' training in Brazil, João Batista Vilanova Artigas insisted in the need to overcome aesthetic pursuit driven by a particular language that was prevalent at the time, in favor of a new ethical and political commitment to national development, one entirely consistent with the contemporary ideological agenda of the Communist Party of Brazil, of which he was a militant member.

> The synthesis of technique and expression occurs in the examination of human problems. And for us, in Latin America, the presence of the human aspect is constant, inevitable. As architects undergo training, witnessing and assessing the harsh conditions that continue to prevent our progress, they handle the frame of reference to adapt technical and aesthetic formulas to the solution of a human problem. For us, in Brazil and Latin America, human stands for national, for economic independence, for the struggle against underdevelopment, backwardness, and deep destitution.[148]

Indeed, since the latter half of the 1950s, São Paulo had emerged in the Brazilian geography of modern architecture with a production in stark contrast with Rio's traditional lightness. Ruth Verde Zein and Maria Alice Junqueira Bastos summarized its basic characteristics as follows: the prevalence of solutions based on single-blocks whose interior housed all of a program's functions; the preference for completely free plans, with non-compartmented and interconnected inner spaces and the plastic or functional appreciation of circulation spaces; the frequent use of vertical inner voids and level and half-level interplay; the use of homogeneous roofs in one- or two-directional grids and the preference for zenithal lighting; the prevalence of closures over voids in the façades, with few openings, or openings protected by the eaves of balanced slabs; the almost exclusive use of reinforced or pre-stressed concrete, almost invariably done on-site: ribbed slabs, rigid or articulated porticos, pillars designed in line with the static forces at play, large balances and free spans, closures and dividers done in apparent concrete or brick and cinderblock; the ubiquitous use of materials' textures and transparency in terms of the technical systems employed, appreciating the texturing and efficiency achieved in manufacture and installation, frequently with colors either absent or used topically.[149]

Radicalizing the contemporary readings of Le Corbusier's brutalism by means of an agenda at once theoretical and ethical-political of struggle against underdevelopment in the days of the Cold War, Artigas had emerged since the mid-1950s as a national leader of the new design trend. Not by chance, almost every single one of these characteristics can be found in the plans for the **School of Architecture and Urbanism of the University of São Paulo (FAU-USP)**, which Artigas designed in 1961 together with Carlos Cascaldi, as well as in many of his post-1956 sites, such as the Baeta house, the second Mario Taques Bittencourt house, the Itanhaém school, the Santa Paula Yatch Club's boathouse, the locker rooms at São Paulo socker stadium, the Guarulhos and Utinga schools, the Ivo Viterito house, and more. The objections that international critics had been leveling at modern Brazilian architecture since the early days of the decade, the Brazilian Communist Party's crisis in face of Khrushchev's restrictions against Stalin's policies, including on the artistic level, and the discredit of Brasília's civilizational utopia soon after its unveiling, all seem to have impacted the vast crisis of the so far hegemonic paradigm and the rise of a new operative project, one compatible with the expected progress and serving collective needs.

Ever since then, Artigas became the

undisputed leader of São Paulo's nascent modern architecture, which was possibly responsible for the best of Brazil's production in the ten years that followed. The 1960s did in fact confirm the strength of its guidelines. All around, the same honest and well-thought-through structures, revised on various static solutions which led to a fresh aesthetic expression; new spatial program organizations, with accurately disposed walls, equipment and furniture; variegated and vertiginous inner landscapes with plazas, lanes, valleys, plateaus and chasms, combined through the articulation of planes in varied levels, of ramps, of platforms, of voids and masses disposed under a single expansive cover. The new headquarters of the School of Architecture and Urbanism is without a doubt his masterpiece. Rounding out the making of a new profile for architects, which would consolidate with the 1962 pedagogical reform at the school, the planning choices made there also mark the crystallization of a collective attitude that soon affirmed itself nationwide as representative of a São Paulo architectural school.[150]

Fifteen years after its foundation, FAU-USP was at an advanced position in redefining the limits of training and practice in Brazil. At least, this is what locals appear to have glimpsed at the forum held in 1963 to discuss the academic curriculum that had been revised the year before:

> FAU's role will no longer be that of training technicians, but rather of producing a group that will fight for the development of national potentialities in human and technical terms. This school will become integral to Brazil's historic struggle against underdevelopment, and the men trained here will be individually and collectively capable of productively addressing the country's problems. (...) Architects shall defend an atmosphere of freedom for their activities, so that they may be the legitimate and independent expression of national architecture, interpreted in its historic and popular roots and protected from all kinds of distortion to which it may be subject in today's world.[151]

In spite of substitutive technical tricks, or a certain "economicism that generates ultra-dense spaces that are seldom justified by objective requirements", as Sérgio Ferro wrote of the São Paulo brutalism in general,[152] FAU-USP design is certainly the one that best represents the school. Not just because of the educational program proper, nor simply because its faculty included the cream of the professionals most closely associated with the so-called São Paulo production, but because its architectural design condenses an iconic set of choices and commitments.

Without being explicitly based on any paradigm for architecture schools, it certainly reverberates some of them. Most remarkable, however is the way in which it articulates a series of elements that had been addressed in previous designs, both Artiga's and others', with emerging issues within the scope of the pedagogical debate at FAU: the role of the studio, the division between, and integration of, departments and subjects, the relationship between theoretical and practical learning, the role of the technical laboratories and the museum, etc.

On the other hand, one must consider the injunctions raised by the plans for the University of São Paulo's campus in the city, such as the prescribed isolation among different schools and institutes and the division into sectors according to domains of knowledge, which in the case of the so-called "humanities sector" had led to the adoption of a linear, horizontal strategy capable of ensuring communication between the schools at the expense of their autonomy. If this concept was shared by the propositions made for the history and geography, philosophy and social sciences and letters departments of the School of Philosophy, Letters and Human Sciences, as well as for the Geology Institute and the Mathematics Institute, respectively by Eduardo Corona, Paulo Mendes da Rocha, Carlos Millan, Pedro Paulo de Melo Saraiva and Joaquim Guedes – all FAU faculty members –,[153] Artigas and Cascaldi's building, one of the few to be executed, was certainly the one that best condensed the set of principles that drove all others: adoption of the single volume and of the large, zenithally lit grid cover; the program's clear layout along longitudinal levels parallel to the vast central void; the free plan and altimetry; the relationships between the buildings inner areas and its surroundings, now entirely free, now disciplined by means of varied mediation devices, such as levels, openings and closures, balanced platforms and balconies; the emphasis on social spaces and the architectural promenade, underscoring the paradigmatic solution of suspended ramps; and the structural solution as determinant plastic element, with the careful design of pillars, walls, closures and dividers in exposed reinforced concrete.

Devised as a balanced system of antagonistic ties between the inside and the outside, between the modern and the rustic, between stresses and loads, with its clearly stated program and structure, the design was also remarkable for extending beyond its aesthetic-constructive dimension. The gathering around Artigas of a younger generation of professors, such as Carlos Millan, Jon Maitrejean, Julio Katinsky, Sérgio Ferro, Gian Carlo Gasperini, Paulo Mendes da Rocha, Rodrigo Lefèvre, Eduardo de Almeida, Abrahão Sanovicz, João Walter Toscano, Pedro Paulo de Melo Saraiva, Décio Tozzi, Marcelo Fragelli and more, actually corresponded to a view of architecture according to which the continuity between objects and scales of expertise of the architect was provided by a constant investigation of the links between design rationale and production rationale: from everyday utensils to dwellings, from buildings and their elements to urban infrastructure and the territory. It was about offering a consistent response to the need to review the architectural domain as an intellectual space for the assembly of the arts, humanities and the techniques at a moment when the urban-industrial project was deepening in Brazil. Public as it was by nature, the building appeared to reiterate a certain social belonging as a space not only for professional training, but for cultural and political learning as well.

In 1964, with the military coup, construction was paralyzed and Artigas himself was arrested and forced into exile in Uruguay. The unveiling of the building and transfer of teaching activities from the former headquarters in Vila Penteado, Higienópolis, to the University campus had to wait until 1969. By then, Artigas, who had reassumed teaching in 1967, had had his civil and political rights suspended by the regime in 1968, together with other University of São Paulo professors like Paulo Mendes da Rocha and Jon Maitrejean. True, from 1969 to the mid-1970s, the period when the military rule was most heavy fisted in Brazil, the School lost much of its currentness in the field of teaching and reflection, as well as of architectural experimentation and practice, even if it became, particularly among students, a privileged focus of cultural and political struggle in the city. The traumas that came from political persecution of students and faculty, and the disseminating resistance against design as conformist to the market, together with academic fragmentation and the increased complexity of the theoretical and practical universe of action for architects, led the school into relative isolation, at least within the scope of the discipline.

Be it as it may, for its artistic qualities or its contributions to technological development and the teaching of architecture, the building received different forms of recognition. It won the gold medal in the 10th São Paulo Biennial, in 1969, the Jean Tschumi prize in 1972 and the Auguste Perret prize in 1985, the latter two awarded by the International Union of Architects. In 1982, it was declared a heritage site by the cultural heritage authorities of the city and state of São Paulo, and is currently under appreciation by Iphan at the federal level.

The fact is that the synthesis effort that was made there was perhaps one of the last ones to achieve national prominence. It is as if, since then the very idea of Brazilian architecture had lost its purpose, or if, amid the new contents of the visible and the invisible, it had embraced in the following decades either a semblance of continuity with modernism, or renewed representations of regionalism, if not eminently scenographic versions of the available post-modern trends.

And yet, the outlook still poses the question of whether it makes any sense to speak of a contemporary Brazilian architecture. Or rather, to what extent a compromise can be seen between the architectural production of the past few decades and any national representations, new or old. After all, if in the 1920s the subject stood as the effect of the ultra-nationalist agenda of race, of the physical milieu, and of the colonial past; and in the 1930s, given the context of modernism becoming a routine and of conservative modernization, it was reframed in face of the architectural avant-gardes, the notion of a Brazilian architecture seemed implied, in a sense.

It is true that the romantic framework from which it was born would change significantly over the decades. The "localist de-repression", to borrow a phrase from Antonio Candido, effectively provided Brazilian architects with positions at once less defensive against and less impressed by external inflows. In both aesthetic and ideological terms. Standing on the rehabilitation of popular and mestizo cultures until then muffled by the ruling racism, on the modern re-reading of the tropical, sensual and baroque *hubris* and on the claim for a unique civilization – ideas sponsored by interlocutors as important as Mário de Andrade and Gilberto Freyre – modern Brazilian architects came to formulate a vigorous response to the local circumstances and dilemmas. And as such a certain constructive project came to affirm itself as a synthesis between art and technique, the building and the landscape, native resources and foreign offerings.

Even when this project appeared somewhat obscure, or less convincing and seductive, a vision of the country prevailed: now in the name of a cultural system for architecture; now in that of the aesthetic education of the public; now in the deepening of national-developmentalist works on the territorial, planning or infrastructure domains; now in that of the infusion of a civilizing burst into civil society and the markets; now in that of investment in the democratic virtues of mass production; now in search of an architecture bound to the people or its welfare. Whether or not, therefore, they aligned with the canonical image or were limited to mere ideological-narcissistic projections, a demanding outlook of Brazil stood before them.

Certainly, the two-decade civilian-military dictatorship that took over the country in 1964 has much to do with the reduction of professionals' hopes. Even if in the regime's early years and in the midst of democratic resistance some of those coordinates were deepened both in a radical and anti-repressive sense, and in their technocratic translation. The fact is that, ever since the reinstatement of democracy, which coincides with the first surges of globalization, a (nationalist, anti-imperialist, populist, and more) representation of the country, or better yet, a national self-image, becomes less and less plausible among architects. Whether this is an expression of challenge against the foundational status of inherited narratives and meta-narratives; of the construction of multiple, discontinued or porous identity references to architectural praxis; or simply of a loss of socio-cultural adherence on the part of the discipline, is a question that remains unanswered.

NOTES

1 See Joaquim Cardozo, "Arquitetura brasileira: características mais recentes", *Módulo*, ano 1, n.1, mar.1955, pp. 6-9.

2 Maurice Merleau-Ponty, *O visível e o invisível*. São Paulo: Perspectiva, 2007, p. 16.

3 Carlos Lemos, *O que é patrimônio cultural?* São Paulo: Brasiliense, 1985; Lauro Cavalcanti, *As preocupações do belo*. Rio de Janeiro: Taurus, 1995; José Reginaldo Gonçalves, *A retórica da perda*. Rio de Janeiro: Editora da UFRJ, 1996; Maria Cecilia Londres da Fonseca, *O patrimônio em processo*. Rio de Janeiro: Editora da UFRJ/Iphan, 1997; Marcia Chuva, *Os arquitetos da memória*. Rio de Janeiro: Editora da UFRJ, 2009.

4 Maria Inez Turazzi, "Uma cultura fotográfica", *Revista do Iphan*, n. 27, 1998, pp. 6-17; Helouise Costa e Renato Rodrigues, *A fotografia moderna no Brasil*. São Paulo: Cosac Naify, 2004; Heliana Angotti Salgueiro (ed.), *O olho fotográfico: Marcel Gautherot e seu tempo*. São Paulo: Faap, 2007; Sonia Gouveia, *O homem, o edifício e a cidade por Peter Scheier*. São Paulo: FAU-USP, 2008; Mariana Guardani, *Fotógrafos estrangeiros na cidade: campo profissional e imagem fotográfica em São Paulo, 1930-1960*. São Paulo: FAU-USP, 2001; Fernando Stankuns Figueiredo, *Novo mundo do espaço: Le Corbusier e o papel da fotografia na mediação entre o público e a arquitetura*. São Paulo: MAC-USP, 2012.

5 Beatriz Colomina, *Privacy and Publicity: Modern Architecture as Mass Media*. Cambridge, Mass: The MIT Press, 1996, pp. 77-139.

6 Mário de Andrade, "Arquitetura colonial", *Diário Nacional*, São Paulo, Aug. 23-26 , 1928.

7 Idem, "Brazil Builds", *Folha da Manhã*, São Paulo, Mar. 23, 1944.

8 Lúcio Costa, *Arquitetura brasileira*. Rio de Janeiro: Ministério da Educação e Saúde, 1952, p. 36.

9 Jorge Francisco Liernur, "The South American Way: el milagro brasileño, los Estados Unidos y la Segunda Guerra Mundial (1939-1943)", *Block*, n. 4, dez. 1999, pp. 23-41; Maria Beatriz Camargo Cappello, *Arquitetura em revista: arquitetura moderna no Brasil e sua recepção nas revistas francesas, inglesas e italianas (1945-1960)*. São Paulo: FAU-USP, 2005; Nelci Tinem, *O alvo do olhar estrangeiro: o Brasil na historiografia da arquitetura moderna*. João Pessoa: Editora Universitária, 2006.

10 Eduardo Augusto Costa, *Brazil Builds e a construção de um moderno, na arquitetura brasileira*. Campinas: IFCH-Unicamp, 2009.

11 Philip Goodwin, *Brazil Builds: Architecture New and Old*. Nova York: The Museum of Modern Art, 1943, p. 84.

12 Ibidem, p. 100.

13 James Richards, *An Introduction to Modern Architecture*. New York: Penguin, 1953, pp. 106-7.

14 Alexandre Persitz, "L'architecture au Bresil", *L'Architecture d'Aujourd'hui*, n. 13-4, Sep. 1947, p. 5.

15 Architectural Record, "Architecture of Brazil", *Architectural Record*, v. 93, n. 1, Jan. 1943, pp. 34-56; Progressive Architecture, "Brazil Still Builds", *Progressive Architecture*, v. 28, Apr. 1947, pp. 1 e 47-64; The Architectural Forum, "Brazil", *The Architectural Forum*, v. 87, n. 5, Nov. 1947, pp. 66-112.

16 Siegfried Giedion, "Brazil and Contemporary Architecture". In: Henrique Mindlin, *Modern Architecture in Brazil*. London: The Architectural Press, 1956, p. IX.

17 Architectural Review, "Report on Brazil", *The Architectural Review*, v. 116, n. 694, Oct. 1954, pp. 235-50.

18 Gillo Dorfles, *Architectura Moder-*

na. Barcelona: Seix-Barral, 1957, pp. 110-4.

19 Mário Pedrosa, "A arquitetura moderna no Brasil". In: *Dos murais de Portinari aos espaços de Brasília*. São Paulo: Perspectiva, 1981, p. 259.

20 Otília Arantes, "Do universalismo moderno ao regionalismo pós-crítico". In: *Urbanismo em fim de linha e outros estudos sobre o colapso da modernização arquitetônica*. São Paulo: Edusp, 1998, pp. 101-25.

21 Paulo Santos, *Presença de Lúcio Costa na arquitetura contemporânea do Brasil*. Rio de Janeiro: unnumbered, 1960 (mimeo); Aracy Amaral (ed.), *Arquitectura neocolonial: América Latina, Caribe, Estados Unidos*. São Paulo: Memorial da América Latina/Fondo de Cultura Económica, 1994; Joana Mello, *Ricardo Severo: da arqueologia portuguesa à arquitetura brasileira*. São Paulo: Annablume/Fapesp, 2007; Carlos Kessel, *Arquitetura neocolonial no Brasil: entre o pastiche e a modernidade*. Rio de Janeiro: Jauá, 2008; Maria Lucia Bressan Pinheiro, *Neocolonial, modernismo e preservação do patrimônio no debate cultural dos anos 1920 no Brasil*. São Paulo: Edusp/Fapesp, 2011.

22 José Marianno Filho, "Os dez mandamentos do estylo neo-colonial", *Architectura no Brasil*, Rio de Janeiro, ano 2, v. 4, n. 24, Sep. 1923, p. 161.

23 Armando de Oliveira, "A architectura em nosso paiz", *Architectura no Brasil*, Rio de Janeiro, ano 1, v. 2, n. 7-8, Apr.-May 1922, p. 2.

24 Nestor de Figueiredo, "Estudando a architectura tradicional brasileira. Uma sympathica iniciativa de José Marianno Filho que vae agora ser realizada. Fala-nos o architecto Nestor de Figueiredo", *Correio da Manhã*, Rio de Janeiro, Feb. 23, 1924.

25 Lúcio Costa, "A alma dos nossos lares", *A Noite*, Rio de Janeiro, Mar. 19, 1924.

26 Idem, "O Aleijadinho e a arquitetura tradicional", *O Jornal*, Rio de Janeiro, 1929.

27 Archimedes Memória, "Entrevista", *O Jornal*, Rio de Janeiro, Jan. 31, 1926.

28 José Wasth Rodrigues, "Architectura Colonial – IV", *O Estado de S. Paulo*, São Paulo, Apr. 16, 1926.

29 Gregori Warchavchik, "Arquitetura brasileira", *Terra Roxa e outras terras*, São Paulo, Sep. 17, 1926, p. 17.

30 Idem, "Decadência e renascimento da arquitetura", *Correio Paulistano*, São Paulo, Aug. 5, 1928.

31 Lúcio Costa, "Razões da nova arquitetura", *Revista da Directoria de Engenharia PDF*, v. III, n. 1, Rio de Janeiro, Jan. 1936, p. 3.

32 Gregori Warchavchik, "Arquitetura do século XX. IV – Passadistas e futuristas", *Correio Paulistano*, São Paulo, Sep. 23, 1928.

33 Ibid, "Arquitetura do século XX. II", *Correio Paulistano*, São Paulo, Sep. 5, 1928.

34 Lúcio Costa, "Razões da nova arquitetura", cit. p. 8.

35 Miranda Netto, "A arte de construir", *Correio do Povo*, Porto Alegre, Jan. 19, 1933, p. 5, referenced in Maria Antonia Carreira, *Cidade, imprensa e arquitetura*, São Carlos: EESC-USP, 2005, p. 143.

36 Gregori Warchavchik, "Arquitetura do século XX. I", *Correio Paulistano*, São Paulo, Aug. 29, 1928.

37 Ibid, "L'architecture d'aujourd'hui dans l'Amérique du Sud", *Cahiers d'Art*, n.2, Paris, 1931, p. 106.

38 Lúcio Costa, "Constatação". In: *Lúcio Costa: registro de uma vivência*. São Paulo: Empresa das Artes, 1995, p. 82, referenced in Otavio Leonídio, *Carradas de razões: Lúcio Costa e a arquitetura moderna brasileira (1924-1951)*. Rio de Janeiro/São Paulo: Editora da PUC-Rio/Loyola, 2007, p. 122.

39 Otavio Leonídio, *Carradas de razões*, cit., pp. 139-40.

40 Antonio Candido, "Uma palavra instável". In: *Vários escritos*. São Paulo: Duas Cidades, 1995, pp. 293-305.

41 Ibid, "A revolução de 30 e a cultura". In: *A educação pela noite e outros ensaios*. São Paulo: Ática, 1987; João Luiz Lafetá, *1930: a crítica e o modernismo*. 2. ed. São Paulo: Editora 34/Duas Cidades, 2000.

42 Mário de Andrade, *O movimento modernista*. Rio de Janeiro: Casa do Estudante do Brasil, 1942, pp. 230-2.

43 Abelardo de Souza, *Arquitetura no Brasil: depoimentos*. São Paulo: Edusp/Diadorim, 1978, pp. 15-32; Alcides da Rocha Miranda, "trechos da entrevista para Maria Cristina Burlamaqui". In: Lucia Gouvêa Vieira, *Salão de 1931: marco da revelação da arte moderna em nível nacional*. Rio de Janeiro: Funarte, 1984, pp. 71-3.

44 Lúcio Costa, *Arquitetura brasileira*, cit., p. 31.

45 Clevio Rabelo, *Arquitetos na cidade: espaços profissionais em expansão, Rio de Janeiro, 1925-1935*. São Paulo: FAU-USP, 2011.

46 Luiz Nunes, "Postos policiais 'standard'", *Boletim de Engenharia*, v. VII, n. 1, Recife, Mar. 1935.

47 Ibid, "Uma diretoria de architectura", *Revista da Diretoria de Engenharia PDF*, v. 3, n. 2, Rio de Janeiro, Mar. 1936, p. 55.

48 Ibid, p. 57.

49 José Lira, *Mocambo e Cidade: regionalismo na arquitetura e ordenação do espaço habitado*. São Paulo: FAU-USP, 1996.

50 Joaquim Cardozo, "Dois episódios da história da arquitetura moderna brasileira", *Módulo*, ano 2, n. 4, Rio de Janeiro, Mar. 1956; Rita Vaz, *Luiz Nunes:*

arquitetura moderna em Pernambuco, 1934-1937. São Paulo: FAU-USP, 1988; Guilah Naslavsky, *Modernidade arquitetônica no Recife: arte, técnica e arquitetura de 1920 a 1950*. São Paulo: FAU-USP, 1998; Alcília Melo, *Revolução na arquitetura: Recife, década de 1930*. Teresina: Edufpi, 2001.

51 Carlos Lemos, *Alvenaria burguesa*. São Paulo: Nobel, 1985; Maria Lucia Gitahy and Paulo Cesar Xavier Pereira (eds.), *O complexo industrial da construção e a habitação econômica moderna 1930-1964*. São Paulo: Rima/Fapesp, 2002.

52 Nadia Somekh, *A cidade vertical e o urbanismo modernizador, São Paulo 1920-1939*. São Paulo: Edusp/Nobel/Fapesp, 1997, pp. 118-24.

53 Roberto Conduru, *Vital Brazil*. São Paulo: Cosac Naify, 2000; Fernando Atique, *Memória de um projeto moderno: a idealização e a trajetória do edifício Esther*. São Carlos: Rima, 2003.

54 Álvaro Vital Brazil and Adhemar Marinho, "Edifício Esther: concepção geral do projecto", *Acrópole*, São Paulo, ano 1, n. 1, May 1938, p. 54.

55 Fernando Atique, *Memória de um projeto moderno*, cit.

56 Angela de Castro Gomes, *Essa gente do Rio: modernismo e nacionalismo*. Rio de Janeiro: Editora da FGV, 1999; idem (ed.), *Capanema: o ministro e seu ministério*. Rio de Janeiro: Editora da FGV, 2000.

57 Carlos Zilio, *A querela do Brasil*. Rio de Janeiro: Funarte, 1982; Carlos A. F. Martins, "Identidade nacional e Estado no projeto modernista: modernidade, Estado, tradição", *Oculum*, n. 2, Campinas, Sep. 1992.

58 Carlos Eduardo Dias Comas, *Precisões brasileiras: sobre um estado passado na arquitetura e urbanismo modernos a partir dos projetos e das obras de Lúcio Costa, Oscar Niemeyer, MMM Roberto, Affonso Reidy, Jorge Moreira e Cia, 1936-1945*. Paris: Université de Paris VIII, 2002.

59 José Carlos Garcia Durand, *A profissão do arquiteto (estudo sociológico)*. Rio de Janeiro: Crea, 1972; Clevio Rabelo, *Arquitetos na cidade*, cit.

60 Philip Goodwin, *Brazil Builds*, cit.; Lúcio Costa, *Arquitetura brasileira*, cit.; Henrique Mindlin, *Modern Architecture in Brazil*, cit.; Paulo Santos, *Presença de Lúcio Costa na arquitetura contemporânea do Brasil*, cit.

61 Gregori Warchavchik, "Carta a Siegfried Giedion, São Paulo, Jul. 27, 1934, French Origial", Gregori Warchavchik family archives, Correspondence, pp. 016B-018A.

62 Lúcio Costa, "Carta a Le Corbusier, Rio de Janeiro, 24 out. 1937", referenced in Cecília Rodrigues dos Santos et al., *Le Corbusier e o Brasil*. São Paulo: Tessela/Projeto, 1987, p. 184.

63 Eric Mumford, *The Ciam Discourse on Urbanism, 1928-1960*. Cambridge: The MIT Press, 2000, pp. 111 and 161.

64 Daryle Williams, *Culture Wars in Brazil: the First Vargas Regime, 1930-1945*. Durham: Duke University Press, 2001, p. 209.

65 Marcia Chuva, *Os arquitetos da memória*, cit., pp. 91-119 and 195-221.

66 Lúcio Costa, "Documentação necessária", *Revista do Serviço do Patrimônio Histórico e Artístico Nacional*, n. 1, Rio de Janeiro, 1937, pp. 32-3.

67 Ibid, "Razões da nova arquitetura", cit. pp. 3-9.

68 Otília Arantes, "Lúcio Costa, a 'boa causa' da arquitetura moderna". In: Otília Arantes e Paulo Arantes, *Sentido da formação*. Rio de Janeiro: Paz e Terra, 1997, p. 126.

69 Philip Goodwin, *Brazil Builds*, cit. Cf. Zilah Quezado Decker, *Brazil Built: The Architecture of the Modern Movement in Brazil*. Londres/Nova York: Spon, 2001; Eduardo Augusto Costa, *Brazil Builds e a construção de um moderno, na arquitetura brasileira*, cit.

70 Carlos A. F. Martins, *Arquitetura e Estado no Brasil. Elementos para uma investigação sobre a constituição do discurso moderno no Brasil; a obra de Lúcio Costa 1924/1952*. São Paulo: FFLCH-USP, 1987.

71 Lúcio Costa, Arquitetura brasileira, cit., pp. 31-2.

72 Elizabeth D. Harris, *Le Corbusier: Riscos brasileiros*. São Paulo: Nobel, 1985; Maurício Lissovsky e Paulo Sérgio Moraes de Sá, *Colunas da Educação: a construção do Ministério da Educação e Saúde*. Rio de Janeiro: MINC/IPHAN, 1996.

73 Roberto Segre, *Ministério da Educação e Saúde: ícone urbano da modernidade brasileira (1935-1945)*. São Paulo: Romano Guerra, 2013, p. 192.

74 Ibid, p. 308.

75 Ibid, pp. 471-81.

76 Referenced in Renato Alves e Silva, *O desafio da preservação do patrimônio arquitetônico modernista no Rio de Janeiro*. Rio de Janeiro: Iphan, 2012, p. 143. Also referenced in Flavia Brito do Nascimento, "Preservando a arquitetura do século XX: o Iphan entre práticas e conceitos", *Cadernos Proarq (UFRJ)*, n. 19, 2013, pp. 172-93; Carolina Pádua, *Arquitetura moderna: um estudo sobre patrimônio e preservação*. São Paulo: FAU-USP, 2013.

77 Danilo Matoso Macedo, *Da matéria à invenção: as obras de Oscar Niemeyer em Minas Gerais, 1938-1955*. Brasília: Câmara dos Deputados, 2008, pp. 170-2.

78 Jean-Louis Cohen, *The Future of Architecture since 1889*. London: Phaidon, 2012, p. 268.

79 Stamo Papadaki, *The Work of Oscar Niemeyer*. New York: Reinhold, 1950, p. j.

80 Lionello Puppi, *A arquitetura de Oscar Niemeyer*. Rio de Janeiro: Revan, 1988, p. 38; Yves Bruand, *L'architecture contemporaine au Brésil*. Paris: Université de Paris IV, 1971, p. 348.

81 Kenneth Frampton, *Modern Architecture: A Critical History*. London: Thames and Hudson, 1996, pp. 254-5; Jean-Louis Cohen, *The Future of Architecture since 1889*, cit., p. 268.

82 Philip Goodwin, *Brazil Builds*, cit., p. 103.

83 Joaquim Cardozo, "Dois episódios da história da arquitetura moderna brasileira", cit.; Sophia da Silva Telles, "O desenho: forma e imagem", *AU*, n. 55, 1994, pp. 91-5; Danilo Matoso Macedo, *Da matéria à invenção*, cit., p. 165; Lauro Cavalcanti, *Quando o Brasil era moderno: guia de arquitetura, 1928-1960*. Rio de Janeiro: Aeroplano, 2001, p. 385.

84 Marcelo Suzuki, *Lina e Lúcio*. São Carlos: EESC-USP, 2010, pp. 199-236.

85 Helio Herbst, *Promessas e conquistas: arquitetura e modernidade nas bienais*. São Paulo: FAU-USP, 2002, pp. 176-84; Renato Alves e Silva, *O desafio da preservação do patrimônio arquitetônico modernista no Rio de Janeiro*, cit., pp. 168-75.

86 Henrique Mindlin, *Modern Architecture in Brazil*, cit., pp. 47-9; Helio Herbst, *Promessas e conquistas*, cit., pp. 288-93; Lauro Cavalcanti, *Quando o Brasil era moderno*, cit., pp. 240-5.

87 Rosa Artigas, *Vilanova Artigas*. São Paulo: Terceiro Nome, 2015; Leandro Medrano e Luiz Recamán, *Vilanova Artigas: habitação e cidade na modernização brasileira*. Campinas: Editora da Unicamp, 2013, pp. 26-38.

88 Adriana Irigoyen, *Da Califórnia a São Paulo: referências norte-americanas na casa moderna paulista, 1945-1960*. São Paulo: FAU-USP, 2005.

89 Renato Anelli, *Arquitetura e cidade na obra de Rino Levi*. São Paulo: FAU-USP, 1995; Renata Campello Cabral, *Mario Russo: um arquiteto racionalista italiano em Recife*. São Carlos: EESC-USP, 2003; José Lira, *Warchavchik: fraturas da vanguarda*. São Paulo: Cosac Naify, 2011; Joana Mello, *O arquiteto e a produção da cidade: a experiência de Jacques Pilon, 1930-1960*. São Paulo: Annablume/Fapesp, 2012; Zeuler Lima, *Lina Bo Bardi: The Theory of Architectural Practice*. New Haven: Yale University Press, 2013.

90 João Masao Kamita, *Espaço moderno e país novo: arquitetura moderna no Rio de Janeiro*. São Paulo: FAU-USP, 1999; Ana Luiza Nobre, *Fios cortantes: projeto e produto, arquitetura e design no Rio de Janeiro (1950-1970)*. Rio de Janeiro: PUC-RJ, 2008.

91 Paulo Sergio del Negro, *Estudo de tombamento do edifício-sede do Instituto dos Arquitetos do Brasil – Departamento de São Paulo*. São Paulo: Condephaat, 2001.

92 Helio Herbst, *Promessas e conquistas*, cit., pp. 249-56.

93 Ana Carolina Bierrenbach, "Reflexões sobre a reciclagem da arquitetura moderna em Salvador – o edifício Caramuru e a Cidade Baixa", *Anais do 7° Seminário Docomomo Brasil*, Porto Alegre, 2007; Nivaldo Vieira de Andrade Jr. et al., "O Iphan e os desafios da preservação do patrimônio moderno: a aplicação na Bahia do Inventário Nacional da Arquitetura, Urbanismo e Paisagismo Modernos", *Anais do 8º Seminário Docomomo Brasil*, Rio de Janeiro, Docomomo-Brasil, Proarq/FAU-UFRJ, 2009; Priscila Gonçalves Santos and Marco Aurélio Filgueiras Gomes, "Sobre os limites da preservação do patrimônio moderno: duas polêmicas recentes em Salvador, BA". In: Nelci Tinem and Luiz Amorim, *Morte e vida severinas: das ressurreições e conservações (im)possíveis do patrimônio moderno no Norte e Nordeste do Brasil*. João Pessoa: Editora Universitária PPGAU/UFPB, 2012, pp. 107-21.

94 Lúcio Costa, *Arquitetura brasileira*, cit., p. 7.

95 Ibid, p. 31.

96 Ibid, p. 36.

97 Henrique Mindlin, *Modern Architecture in Brazil*, cit., p. 3.

98 Nikolaus Pevsner, *An Outline of European Architecture*. 6. ed. Hardmondsworth: Penguin, 1961; Giulio Carlo Argan, "Arquitetura moderna no Brasil" (1954). In: Alberto Xavier (ed.), *Depoimento de uma geração: arquitetura moderna brasileira*. São Paulo: Cosac Naify, 2003, pp. 170-5; Bruno Zevi, "A moda lecorbusiana no Brasil" (1971). In: Alberto Xavier (ed.), *Depoimento de uma geração*, cit., pp. 163-6.

99 Ana Luiza Nobre, *Fios cortantes*, cit., pp. 1-45.

100 Max Bill, "O arquiteto, a arquitetura, a sociedade", *Habitat*, n. 14, Jan.-Feb. 1954.

101 Joan Ockman, "Introduction". In: *Architecture Culture 1943-1968: A Documentary Anthology*. Nova York: GSAPP/Rizolli, 1993, pp. 13-24.

102 Lina Bo Bardi, "Bela criança", *Habitat*, n. 2, Jan.-Mar. 1951; Rodolpho Ortenblad Filho, "Arquitetura de após guerra nos Estados Unidos", *Acrópole*, n. 183, Jul. 1953; Jorge Wilheim, "Jovem brasileiro na Europa", *Habitat* n. 7, maio-jun. 1952; Roberto Cerqueira César, "A arquitetura de São Paulo", *Acrópole*, n. 184, Jan. 1954; Henrique Mindlin, "Apresentação", *Brasil Arquitetura Contemporânea*, n. 5, 1955, referenced in Paula Dedecca, *Sociabilidade, crítica e posição: o meio arquitetônico, as revistas especializadas e o debate do moderno em São Paulo (1945-*

1965). São Paulo: FAU-USP, 2012, pp. 127-201.

103 Lourival Gomes Machado, *Retrato da arte moderna do Brasil*. São Paulo: Departamento de Cultura, 1947, p. 83.

104 Luís Saia, "Arquitetura paulista". In: Alberto Xavier, *Depoimento de uma geração*, cit., p. 116.

105 João Masao Kamita, *Espaço moderno e país novo*, cit.

106 Luís Espallargas Gimenez, *Arquitetura paulistana da década de 1960: técnica e forma*. São Paulo: FAU-USP, 2004, pp. 72-8; João Masao Kamita, "Affinità elettive: Affonso Eduardo Reidy e il brutalismo paulista", *Rassegna di Architettura e Urbanistica*, n. 142-3, Jan.-Aug. 2014, pp. 31-41.

107 Francisco Bolonha, "Reidy: percurso do arquiteto". In: Solar Grandjean de Montigny, *Affonso Eduardo Reidy*. Rio de Janeiro: O Solar/PUC-RJ, 1985, pp. 20-2.

108 João Masao Kamita, "Affinità elettive", cit., p. 34.

109 Idem, *Espaço moderno e país novo*, cit., pp. 124-39; Ana Luiza Nobre, "A Museum Through". In: Frederico Coelho (ed.), *Museu de Arte Moderna Rio de Janeiro: Architecture and Construction*: Rio de Janeiro: Cobogó, 2011, pp. 112-6.

110 Luís Espallargas Gimenez, *Arquitetura paulistana da década de 1960*, cit., p. 76.

111 João Marcos Lopes, Marta Bogéa e Yopanan Rebello, *Arquiteturas da engenharia ou engenharias da arquitetura*. São Paulo: Mandarim, 2006, p. 37.

112 Frederico Coelho (ed.), *Museu de Arte Moderna Rio de Janeiro*, cit.

113 Renato Alves e Silva, *O desafio da preservação do patrimônio arquitetônico modernista no Rio de Janeiro*, cit., pp. 150-4; Claudia Rodrigues de Carvalho, *Preservação da arquitetura moderna: edifícios de escritórios no Rio de Janeiro construídos entre 1930-1960*. São Paulo: FAU-USP, 2005, pp. 177-9.

114 Maria Alice Junqueira Bastos and Ruth Verde Zein, "Diálogos alternados: Lina, Reidy e vice-versa". In: *Brasil: arquiteturas após 1950*. São Paulo: Perspectiva, 2010, pp. 57-60.

115 Daniele Pisani, *Da demolição do Belvedere à construção do mito*. São Paulo, Ed. 34, forthcoming.

116 Zeuler Lima, *Verso un'architettura semplice*. Roma: Fondazione Bruno Zevi, 2007, p. 34; Renata Motta, *O Masp em exposição: mostras periódicas na Sete de Abril*. São Paulo: FAU-USP, 2003, p. 21.

117 Ana Clara Giannecchini, *Técnica e estética no concreto armado: um estudo sobre os edifícios do Masp e da FAU-USP*. São Paulo: FAU-USP, 2009.

118 Silvana Rubino, *Rotas da modernidade: trajetória, campo e história na atuação de Lina Bo Bardi, 1947-1968*. Campinas: IFCH-Unicamp, 2002, p. 124.

119 Ana Clara Giannecchini, *Técnica e estética no concreto armado*, cit., p. 100-55; Raquel Furtado Schenkman Contier, *Do vitral ao pano de vidro: o processo de modernização da arquitetura em São Paulo através da vidraçaria, 1903-1969*. São Paulo: FAU-USP, 2014, pp. 197-218.

120 Raquel Furtado Schenkman Contier, *Do vitral ao pano de vidro*, cit., p. 223.

121 João Marcos Lopes, Marta Bogéa and Yopanan Rebello, *Arquiteturas da engenharia ou engenharias da arquitetura*, cit., p. 23.

122 Antonio Risério, *Avant-Garde na Bahia*. São Paulo: Instituto Lina Bo e Pietro Maria Bardi, 2005; Carlos Basualdo (ed.), *Tropicália: uma revolução na cultura brasileira*. São Paulo: Cosac Naify, 2007; Juliano Aparecido Pereira, *A ação cultural de Lina Bo Bardi na Bahia e no Nordeste (1958-1964)*. Uberlândia: Edufu, 2007.

123 Olívia de Oliveira, *Lina Bo Bardi: sutis substâncias da arquitetura*. São Paulo: GG, 2006, pp. 41-79.

124 Fernando Viégas, *Conjunto Nacional: a construção do espigão central*. São Paulo: FAU-USP, 2003, pp. 73-5 e 99-117.

125 Sandra Maria Alaga Pini, *Arquitetura comercial e contexto: um estudo de caso, o Conjunto Nacional*. São Paulo: FAU-USP, 2000, pp. 66-9.

126 Manfredo Tafuri, "The Disenchanted Mountain: The Skyscraper and the City". In: Manfredo Tafuri et al., *The American City*. London: Granada, 1980, pp. 389-503; Fredric Jameson, "O tijolo e o balão: arquitetura, idealismo e especulação imobiliária". In: *A cultura do dinheiro: ensaios sobre a globalização*. Petrópolis: Vozes, 2001, pp. 173-206.

127 Hugo Segawa e Guilherme Mazza Dourado, *Oswaldo Arthur Bratke*. São Paulo: Pro Editores, 1997, pp. 49-50.

128 Ibid, pp. 237-70.

129 Mário Pedrosa, "Reflexões em torno da nova capital", *Brasil Arquitetura Contemporânea*, n. 10, Rio de Janeiro, 1957, pp. 32-5.

130 Guilherme Wisnik, "Apresentação". In: Milton Braga, *O concurso de Brasília: sete projetos para uma capital*. São Paulo: Cosac Naify/Imprensa Oficial/MCB, 2010, p. 9.

131 Jefeson Tavares, *Projetos para Brasília: 1927-1957*. Brasília: Iphan, 2014.

132 "Edital elaborado pela Novacap", *Módulo*, n. 8, Rio de Janeiro, Jul. 1957, referenced in Jeferson Tavares, *Projetos para Brasília*, cit., pp. 496-7.

133 Lúcio Costa, "Memória Descritiva do Plano Piloto". In: *Lúcio Costa: registro de uma vivência*. São Paulo: Empresa das Artes, 1995, pp. 283-297.

134 Milton Braga, *O concurso de Brasília*, cit., p. 156.
135 Stanislaus von Moos and Maristella Cacciato, *Twilight of the Plan: Chandigarh and Brasilia*. Mendrisio: Mendrisio Academy Press, 2007; Lina Kim and Michael Wesely, *Arquivo Brasília*. São Paulo: Cosac Naify, 2010.
136 Reyner Banham, "Brasília". In: Alberto Xavier e Julio Katinsky (eds.), *Brasília: antologia crítica*. São Paulo: Cosac Naify, 2012, pp. 108-10.
137 Gilbert Luigi, *Oscar Niemeyer, une esthétique de la fluidité*. Paris: Parenthèses, 1987, p. 118.
138 Eduardo Pierrotti Rossetti, *Arquiteturas de Brasília*. Brasília: Instituto Terceiro Setor, 2012, p. 62.
139 Ibid, p. 61.
140 Geraldo Ferraz, "Meditação de fim de ano: uma palavra a arquitetos, engenheiros, urbanistas, sociólogos", *Habitat*, n. 25, Dec. 1955, p. 12.
141 Geraldo Ferraz, "Construção da nova cidade: Brasília", *Habitat*, n. 35, Oct. 1956.
142 Geraldo Ferraz, "Construção da nova capital Brasilia", *Habitat* n. 37, Dec. 1956, p. 32.
143 Ibid.
144 Luís Saia, "Arquitetura paulista", cit., pp. 107-9.
145 Aracy Amaral, "A polêmica sobre a função social da arquitetura". In: *Arte para quê? A preocupação social na arte brasileira 1930-1970*. São Paulo: Nobel, 2003; Pedro Arantes, *Arquitetura nova: Sérgio Ferro, Flávio Império e Rodrigo Lefèvre – de Artigas aos mutirões*. São Paulo: Editora 34, 2002; Paula Koury, *Arquitetura construtiva: proposições para a produção material de arquitetura contemporânea no Brasil*. São Paulo: FAU-USP, 2005; Juliana Braga Costa, *Ver não é só ver: dois estudos a partir de Flávio Motta*. São Paulo: FAU-USP, 2010.
146 Paula Dedecca, *Sociabilidade, crítica e posição*, cit., pp. 210-4.
147 Flávio Motta, "Introduzione al Brasile", *Zodiac*, n. 6, 1960, pp. 61-7.
148 Vilanova Artigas, "Arquitetura e cultura nacionais", *Cadernos de Estudos*, n. 6, Porto Alegre, 1959.
149 Maria Alice Junqueira Bastos e Ruth Verde Zein, *Brasil: arquiteturas após 1950*, cit., pp. 78-9.
150 Dalva Thomaz, *Artigas: a liberdade na inversão do olhar*. São Paulo: FAU-USP, 2005; João Clark de Abreu Sodré, *Arquitetura e viagens de formação pelo Brasil, 1938-1962*. São Paulo: FAU-USP, 2010; Felipe Contier, *O edifício da Faculdade de Arquitetura e Urbanismo na cidade universitária: projeto e construção da escola de Vilanova Artigas*. São Paulo: IAU-USP, 2015.
151 FAU-USP, *O primeiro fórum de debates (de 12 a 14 de novembro de 1963)*. São Paulo: FAU-USP, 1963.
152 Sérgio Ferro, "Arquitetura nova", *Teoria e Prática*, n. 1, p. 6.
153 Monica Junqueira de Camargo, "O setor das humanas como patrimônio arquitetônico e a história da arquitetura paulista". In: José Lira (ed.), *Patrimônio construído da USP: preservação, gestão e memória*. São Paulo: CPC-USP/Edusp, 2014, pp. 211-7; Felipe Contier, *O edifício da Faculdade de Arquitetura e Urbanismo na cidade universitária*, cit.

KEY TO PICTURES

P 9
Brazilian Pavilion at the New York World's Fair, Lúcio Costa and Oscar Niemeyer, New York, NY, 1939
Canoas House, Oscar Niemeyer, Rio de Janeiro, RJ, 1953
Photograph: Aertsens Michel

P 13
Architect's House on Santa Cruz St., Gregori Warchavchik, landscaping by Mina Klabin Warchavchik, São Paulo, SP, 1927
Photograph: Hugo Zanella
Sedes Sapientiae Institute, Rino Levi, São Paulo, SP, 1940-42
Photograph: Peter Scheier

P 17
Cover page of *Brazil Builds: Architecture New and Old 1652-1942* by Philip Goodwin, New York, 1943
Photograph: Kidder Smith
Obra do Berço, Oscar Niemeyer, Rio de Janeiro, RJ, 1937
Photograph: Kidder Smith
Seaplane Station, Atílio Corrêa Lima, Rio de Janeiro, RJ, 1937
Photograph: Kidder Smith

P 18
Prefeito Mendes de Moraes housing project [Pedregulho], Affonso Eduardo Reidy, landscaping by Roberto Burle Marx, Rio de Janeiro, RJ, 1946
Photograph: Marcel Gautherot
Seguradoras building, M.M.M. Roberto, Rio de Janeiro, RJ, 1949
Photograph: Carlos Botelho

P 32
Necropsy Hall (currently the Pernambuco chapter of the Brazilian Architects Institute, IAB-PE), Luiz Nunes, Recife, PE, 1937
Photograph: Kidder Smith

P 36
Esther building, Álvaro Vital Brazil and Adhemar Marinho, São Paulo, SP, 1934-36
Photograph: Leon Liberman

P 46
Evolution of the Ministry of Education and Health headquarters [currently the Capanema Palace]
Plans by Lúcio Costa, Oscar Niemeyer, Affonso Eduardo Reidy, Carlos Leão, Jorge Moreira, Ernani Vasconcellos, with consultancy from Le Corbusier, landscaping by Roberto Burle Marx
Rio de Janeiro, RJ, 1935-37

P 49
Sketch for the Pampulha Complex plans, Oscar Niemeyer, landscaping by Roberto Burle Marx, Belo Horizonte, MG, 1940-43.
Sketch by the architect

P 52
Guinle Park, Lúcio Costa, Rio de Janeiro, RJ, 1948
Photograph: Marcel Gautherot

P 55
Walter Moreira Salles residence [current headquarters of the Moreira Salles Institute], Olavo Redig de Campos, landscaping by Roberto Burle Marx, Rio de Janeiro, RJ, 1948-51
Photograph: Marcel Gautherot
Vilanova Artigas residence, João Batista Vilanova Artigas, São Paulo, SP, 1949
Photograph: Ernesto Mandowsky

P 58
São Paulo chapter of the Brazilian Architects Institute building (IAB-SP) Rino Levi, Roberto Cerqueira César, Abelardo de Souza, Hélio Duarte, Zenon Lotufo, Jacob Ruchti, Miguel Forte and Galiano Ciampaglia, São Paulo, SP, 1947
Photograph: José Moscardi

P 59
Caramuru building, Paulo Antunes Ribeiro, Salvador, BA, 1946
Photograph: Boer

P 67
Rio de Janeiro Museum of Modern Art, Affonso Eduardo Reidy, landscaping by Roberto Burle Marx, Rio de Janeiro, RJ, 1953
Aerial view of the Flamengo Landfill
Photograph: Marcel Gautherot

P 71
São Paulo Museum of Art, Lina Bo Bardi, São Paulo, SP, 1957-66
Watercolor by the architect

P 74
Glass house, Lina Bo Bardi, São Paulo, SP, 1950
Photograph: Chico Albuquerque

P 75
Conjunto Nacional, David Libeskind, São Paulo, SP, 1954
Photo collage: Eric Hess

P 77
Serra do Navio Village, Oswaldo Bratke, Serra do Navio, AP, 1995
Model's photo: Boer

P 81
South Residential Sector, urbanism by Lúcio Costa, Brasília, DF, 1960 | Aerial view
Photograph: Peter Scheier

P 83
Itamaraty Palace and National Congress, Oscar Niemeyer, landscaping by Roberto Burle Marx, Brasília, DF, 1959-60
Photograph: Marcel Gautherot

P 92
School of Architecture and Urbanism FAU-USP, Vilanova Artigas and Carlos Cascaldi, São Paulo, SP, 1961
Side cutoff view

BUILDINGS AND SITES INFORMATION

edifício esther
álvaro vital brazil and adhemar marinho
praça da república, são paulo, sp
city heritage status: 1984
stage heritage status: 1990

ministry of education and health (currently gustavo capanema palace)
lúcio costa, oscar niemeyer, affonso eduardo reidy, carlos leão, jorge moreira, ernani vasconcellos, consulting form le corbusier and landscaping by roberto burle marx
central rio de janeiro, rj
federal heritage status: 1948
local heritage status for the gardens: 2009

necropsy hall of the recife school of medicine (currently iab-pe headquarters)
luiz nunes
derby district, recife, pe
federal heritage status: 1998

pampulha complex
oscar niemeyer, landscaping by roberto burle marx
pampulha, belo horizonte, mg
federal heritage status for the church of saint francis of assisi: 1947; entire complex: 1997 | given unesco world heritage site status in 2016

pampulha art museum [former casino]
ball house
saint francis of assisi church
yacht tennis club

caramuru building
paulo antunes ribeiro
comércio, salvador, ba
state heritage status: 2008
federal heritage status: under appreciation since 2008

brazilian architects institute – iab-sp
rino levi, roberto cerqueira césar, abelardo de souza, hélio duarte, zenon lotufo, jacob ruchti, miguel forte
and galiano ciampaglia
vila buarque, são paulo, sp
local heritage status: 1992
state heritage status: 2002
federal heritage status: 2015

nova cintra, bristol and caledônia buildings
lúcio costa
parque guinle, laranjeiras, rio de janeiro, rj
federal heritage status: 1986

walter moreira salles residence (current headquarters of the moreira salles institute)
olavo redig de campos, landscaping by roberto burle marx
gávea, rio de janeiro, rj
local heritage status, provisional status: 2006

vilanova artigas residence
joão batista vilanova artigas
campo belo, são paulo, sp
local heritage status: 2004
state heritage status: 2015

glass house
lina bo bardi
morumbi, são paulo, sp
state heritage status: 1987
local heritage status: 1992
federal heritage status: 2007

rio de janeiro museum of modern art
affonso eduardo reidy, landscaping by roberto burle marx
parque do flamengo, rio de janeiro, rj
federal heritage status: 1964

conjunto nacional
david libeskind
paulista av., são paulo, sp
state heritage status: 2005
local heritage status: 2015

serra do navio village
oswaldo arthur bratke
serra do navio, amapá, ap
federal heritage status: 2010

são paulo museum of art
lina bo bardi
paulista av., são paulo, sp
state heritage status: 1982
local heritage status: 1991
federal heritage status: 2003

itamaraty palace
oscar niemeyer, landscaping by roberto burle marx
ministries esplanade, brasília, df
federal heritage status as part of the brasília urban complex: 1992
heritage status as individual site: 2007

school of architecture and urbanism of the university of são paulo
joão batista vilanova artigas and carlos cascaldi
cidade universitária, são paulo, sp
local and state heritage status: 1982

CRÉDITOS FOTOGRÁFICOS PHOTO CREDITS

P 07 Pavilhão de Nova York, Lúcio Costa e Oscar Niemeyer, Nova York, NY, 1939 | Imagem livro Brazil Built: *The Architecture of the Modern Movement in Brazil*, de Zilah Quezado Deckker, Londres, Taylor & Francis LTD, 2001 | © NIEMEYER, OSCAR /AUTVIS, Brasil, 2016 **P 07** Casa das Canoas, Oscar Niemeyer, Rio de Janeiro, RJ, 1951 | Imagem do Livro *Arquitetura moderna no Brasil*, de Henrique Mindlin, Rio de Janeiro, 1956 | Foto: Aertsens Michel **P 11** Casa da rua Santa Cruz, Gregori Warchavchik, São Paulo, SP, 1928 | Imagem do livro *Warchavchik: fraturas da vanguarda*, de José Lira, São Paulo, Cosac & Naify, 2011 | Foto: Hugo Zanella **P 11** Instituto Sedes Sapientiae, Rino Levi, São Paulo, SP, 1940-42 | Acervo da Biblioteca da FAUUSP | Foto: Peter Scheier **P 14** Folha de rosto do livro *Brazil Builds: Architecture New and Old 1652-1942* | Foto: de Kidder Smith **P 15** Obra do Berço, Oscar Niemeyer, Rio de Janeiro, RJ, 1937 | Foto: de Kidder Smith **P 15** Estação de Hidroaviões, Atílio Corrêa Lima, Rio de Janeiro, RJ, 1937 | Foto: de Kidder Smith | Imagens do livro *Brazil Builds: Architecture New and Old 1652-1942* de Philip Goodwin, Nova York, Museum of Modern Art, 1943 **P 16** Conjunto residencial Prefeito Mendes de Moraes [Pedregulho], Affonso Eduardo Reidy, Rio de Janeiro, RJ, 1946 | Acervo Instituto Moreira Salles | Foto: Marcel Gautherot **P 17** Edifício Seguradoras, M.M.M. Roberto, Rio de Janeiro, RJ, 1943 | Imagem do Livro *Arquitetura moderna no Brasil*, de Henrique Mindlin, Rio de Janeiro, 1956 | Foto: Carlos Botelho **P 30** Pavilhão de Verificação de Óbitos, Luiz Nunes, Recife, PE, 1937 | Imagem do livro Brazil Builds: Architecture New and Old 1652-1942 de Philip Goodwin, Nova York, Museum of Modern Art, 1943 | Foto: de Kidder Smith **P 34** Edifício Esther, Álvaro Vital Brazil e Adhemar Marinho, São Paulo, SP, 1934-36 | Imagem do livro *Memória moderna a trajetória do edifício Esther*, de Fernando Atique, São Paulo, 2013 **P 44** Croquis para projeto do Ministério da Educação e Saúde [Atual Palácio Capanema] | Projeto de Lúcio Costa, Oscar Niemeyer, Affonso Eduardo Reidy, Carlos Leão, Jorge Moreira, Ernani Vasconcellos, com consultoria de Le Corbusier, paisagismo de Roberto Burle Marx | Rio de Janeiro, RJ, 1935-37 | Imagem do Livro *Arquitetura moderna no Brasil*, de Henrique Mindlin, Rio de Janeiro, 1956 | © NIEMEYER, OSCAR/AUTVIS, Brasil, 2016 **P 47** Croqui para o projeto do Conjunto da Pampulha, Oscar Niemeyer, paisagismo de Roberto Burle Marx, Belo Horizonte, MG, 1940-43 | Imagem do livro *Oscar Niemeyer e o modernismo de formas livre*, de David Underwood, Cosac & Naify, São Paulo, 2002 | © NIEMEYER, OSCAR / AUTVIS, Brasil, 2016 **P 50** Parque Guinle, Lúcio Costa, Rio de Janeiro, RJ, 1948 | Foto: Marcel Gautherot **P 52** Residência Walter Moreira Salles [atual sede do Instituto Moreira Salles], Olavo Redig de Campos, paisagismo de Roberto Burle Marx, Rio de Janeiro, RJ, 1948-51 | Acervo Instituto Moreira Salles | Foto: Marcel Gautherot **P 53** Residência Vilanova Artigas, João Batista Vilanova Artigas, São Paulo, SP, 1949 | Imagem do Livro *Arquitetura moderna no Brasil*, de Henrique Mindlin, Rio de Janeiro, 1956 | Foto: Ernesto Mandowsky **P 56** Edifício do IAB-SP, Rino Levi, Roberto Cerqueira César, Abelardo de Souza, Hélio Duarte, Zenon Lotufo, Jacob Ruchti, Miguel Forte e Galiano Ciampaglia, São Paulo, SP, 1947 | Imagem do Livro *Arquitetura moderna no Brasil*, de Henrique Mindlin, Rio de Janeiro, 1956 | Foto: José Moscardi **P 57** Edifício Caramuru, Paulo Antunes Ribeiro, Salvador, BA, 1946 | Imagem do Livro *Arquitetura moderna no Brasil*, de Henrique Mindlin, Rio de Janeiro, 1956 | Foto: Boer **P 64** Museu de Arte Moderna do Rio de Janeiro, Affonso Eduardo Reidy, paisagismo de Roberto Burle Marx, Rio de Janeiro, RJ, 1953 | Acervo Instituto Moreira Salles | Foto: Marcel Gautherot **P 69** Museu de Arte de São Paulo, Lina Bo Bardi, São Paulo, SP, 1957-66 | Acervo Museu de Arte de São Paulo Assis Chateaubriand [MASP] **P 72** Casa de vidro, Lina Bo Bardi, São Paulo, SP, 1950 | Acervo Museu da Imagem e do Som – SP em convênio com Instituto Moreira Salles | Foto: Chico Albuquerque **P 73** Conjunto Nacional, David Libeskind, São Paulo, SP, 1954 | Imagem do Livro *Arquitetura moderna no Brasil*, de Henrique Mindlin, Rio de Janeiro, 1956 | Foto: Eric Hess **P 77** Vila Serra do Navio, Oswald Bratke, Serra do Navio, AP, 1955 | Imagem do livro Oswaldo Arthur Bratke de Hugo Segawa e Guilherme Mazza Dourado, São Paulo, ProEditores, 1997, p. 270 | Foto da maquete: Boer **P 79** Setor residencial Sul, Brasília, DF, 1960 | Acervo Instituto Moreira Salles | Foto: Peter Scheier **P 83** Palácio do Itamaraty e Congresso Nacional, Brasília, DF, c. 1967 | Acervo Instituto Moreira Salles | Foto: Marcel Gautherot **P 91** Faculdade de Urbanismo e Arquitetura – FAUUSP, Vilanova Artigas | Acervo da Biblioteca da FAUUSP

Editor Publisher **Alexandre Dórea Ribeiro**
Organização Editor **Reinaldo Botelho**
Texto Text **José Lira**
Fotografias Photography **Leonardo Finotti**
Capa e projeto gráfico Cover and graphic design
Luciana Fachinni
Designer assistente Assistant designer
Nathalia Navarro
Produção editorial Editorial production
Marione Tomazoni
Produção executiva Executive production
Carmem Carvalho
Produção gráfica Graphic production
Edgar Kendi
Pesquisa de imagens Image research
Marione Tomazoni + Reinaldo Botelho
Revisão e preparação de textos Proofreading and text preparation **Thais Rimkus**
Versão pro inglês English translation and proofreading **Allan Vidigal Hastings e Paul Steele**

AGRADECIMENTOS ACKNOWLEDGMENTS
Ana Paula Bernardes, Carlos Henrique Mattar, Claudia Zampelli, Guilherme Wisnik, Hopkinson Smith, Katia Mindlin Leite-Barbosa, Lucien Belmonte, Paulo Couri, Rosa Artigas, Tatiana Mindlin, Mina Warchavchik Hugerth, Acervo da Biblioteca da Faculdade de Urbanismo e Arquitetura [FAUUSP], Editora Rima [Paulo Martins], Instituto Moreira Salles [IMS], Instituto de Arquitetos do Brasil – SP [IAB-SP], Instituto Oscar Niemeyer, Instituto Lina e P.M. Bardi, Museu de Arte de São Paulo Assis Chateaubriand [MAM-SP] e Museu da Imagem e do Som.

Dados Internacionais de Catalogação na Publicação (CIP)
(Câmara Brasileira do Livro, SP, Brasil)

Lira, José
O visível e o invisível na arquitetura brasileira
Texto: José Lira; Fotos: Leonardo Finotti; organização: Reinaldo Botelho
São Paulo: DBA, 2017
ISBN: 978-85-7234-535-4

1. Arquitetura – Brasil 2. Fotografia de arquitetura 3. Paisagismo 4. Urbanismo I. Finotti, Leonardo II. Botelho, Reinaldo. III. Título.

17-02511   CDD-720.981

Índices para catálogo sistemático:
1. Arquitetura: Brasil 720.981

fonte **Brown**   papel **Ofset 120g/m²**   impressão **RR Donnelley**   tiragem **1.500**